イギリス湖水地方

ピーターラビットの
ガーデンフラワー日記

Peter Rabbit's Garden Flower Journal
in the English Lake District

臼井雅美

春風社

もくじ

II 初夏から夏へ、光との共演

III

秋のそよ風に揺れて

Ⅳ　冬から春に向けて

Carlisle
Cockermouth
Penrith
rkington
Keswick
Whitehaven
Lake District
National
Park
Ambleside
Coniston
Windermere
N
Kendal
Grange-over-Sands
Ulverston
Arnside
Cartmel
Silverdale
Barrow-in-Furness
Lancaster
Morecambe
Bay
Irish Sea
Blackpool
Burnley
Preston
ENGLISH LAKE DISTRICT
AND LANCASHIRE

プロローグ

湖水地方を歩き回る度に、民家のガーデンに植えられた花々に魅せられる。まだ寒い早春には、湖水地方の花と言ってもよいほどのスイセンの花があちらこちらで黄色の光を放つ。春にはビオラ、チューリップ、マーガレットなどが咲き乱れる花壇に、モクレン、サクラ、シャクナゲ、レンギョウなどの木々に薄いピンクや黄色の明るさが加わる。また、ペチュニア、ベゴニア、ゼラニウムなどの寄せ植えやハンギングバスケットが家屋の壁に彩りを添える。初夏から秋にかけては、バラ、クレマチス、アジサイ、フジ、フクシヤが咲き続ける。秋になると、シュウメイギクやアスターなどが涼やかな風に揺れる。晩秋から冬にかけては、ホーリーなど常緑種の緑の葉に赤い実が次々と生り、雪が降るなかでもたくましく咲き続けるボケやツバキが春へのバトンタッチをする。

湖水地方の花々の共演は、豊かな水に支えられている。湖水地方は雨が多く、湖の水もまた大切な自然資源である。古森（ancient woodland）が保存され、産業革命時代の波から自然景観が守られ続けた地域である。そのため、豊かな自然と酪農を中心とした生活が現在でも維持されている。湖水地方の環境自体が、植物の豊かさを感じることができるものなのである。

そして、その豊かな自然景観のなかに建てられた家々――貴族の館から中流階級の屋敷、そして酪農を営む人々が暮らすコテージなど――には、個性豊かな庭が造られてきた。それらは、中世からの伝統である整形庭園（formal garden）から広大な領地に広がる風景庭園（landscape garden）、アーツ・アンド・クラフツ運動（The Arts and Crafts Movement）に影響を受けて造園された庭園から、小さな敷地でも可能なコテージガーデンに至るまで、多様な姿を見せてくれる。

貴族の館や中流階級が建てた屋敷やコテージのなかには、ホテルやカフェ、B&Bなどの商業施設になっているものも多い。しかし、建物の所有者が変わったり、用途が変わったりしても、庭は必ず整備されて維持される。個人宅であれ、商業施設であれ、庭という空間は必要不可欠な要素なのである。

しかし、イギリスの庭園に好まれてきた花の多くは、ヨーロッパの他の国々からだけでなくイギリスをはじめヨーロッパの植民地から略奪されてきたものだった。近代西洋の庭園学と植物の歴史は、大航海時代から生まれたプラントハンター（plant hunter）たちの存在なしでは語ることはできない。ヨーロッパ諸国は、十五世紀から西洋帝国主義と植民地主義が浸透していく過程で、大航海時代を迎えた。世界各地に派遣された軍艦に乗り込んだ者たちのなかには、キリスト教伝道師、医師、プラントハンターもいた。彼らの使命は、経済効果をもたらす植物を採集することだった。研究機関である植物園を各国が設立して、そこで植物の効果、品種改良、植物分類、そして大量生産の方法を研究した。

新しい植物がヨーロッパに持ち込まれると、十六世紀から十七世紀にかけて、薬草を中心とする植物園が王侯貴族や大学により創設され、植物学（Botany）の基礎ができた。また、新しい植物を科学的に研究することが盛んとなり、植物の分類が必要となった。十八世紀、植物学が発展して、分類学の父と言われているスウェーデン出身のカール・フォン・リンネ（Karl von Linné、以下リンネ）の植物分類が、基本となる。プラントハンターのなかには、植物学を研究するものもいた。十九世紀になると、イギリスでも、ジョン・リンドリー（John Lindley）やロバート・ブラウン（Robert Brown）などの植物学者が誕生した。

プラントハンターとして、ドイツ人医師フィリップ・フランツ・バルタザール・フォン・

シーボルト（Philipp Franz Balthasar von Siebold、以下シーボルト）が、日本ではよく知られている。彼は医師として長崎の出島に滞在するが、日本滞在中には日本の動植物の採集に精力的に取り組んだ。彼は、一八三〇年にオランダに寄港すると、ライデンにオランダ王立園芸振興協会を設立して、日本から持ち帰った苗木を広めた。現在では、ライデン大学付属植物園とシーボルト博物館でその軌跡をたどることができる。

イギリスからも多くのプラントハンターたちが、一攫千金を求めて植民地へと渡った。十七世紀から十九世紀には植物の研究が盛んとなり、研究拠点としてチェルシー薬草園（Chelsea Physic Garden）とキュー・ガーデンズ（Kew Gardens）が王立植物園として確立された。これらの植物園は、イギリスにおいて、経済効果を生む植物の研究と栽培が政策として行われた証である。

チェルシー薬草園は、一六七三年、ロンドンのチェルシーに薬剤師名誉協会により、薬草を栽培する植物園として創設された。その後、医師で、大英博物館の基礎を作り、準男爵の爵位を授かったハンス・スローン（Sir Hans Sloane, 1st Baronet）が、その薬草園を購入して拡大した。スローンは軍医としてジャマイカに渡ると、多くの動植物を採集し、新種の植物の記録を残し、それらをイギリスに持ち帰った。スローンが、ジャマイカで先住民族が飲んでいたココアをイギリスに広めて、チョコレート飲料が薬として販売されるようになった。チェルシー薬草園は、十八世紀には、王立協会の新種植物研究の要となり、世界有数の植物園となった。さらに、英領の植民地が拡大していくと、当時のライデン植物園（Hortus Botanicus Leiden）と新種植物の交換プロジェクトに参加した。研究の成果として、植民地への移植に成功した例には、中国原産でニュージーランドに移植されたキーウィフルーツがある。

一方、キュー・ガーデンズは、百二十一ヘクタールにも及ぶ広大な王立庭園である。十八世紀にキュー宮殿が併設されるが、宮殿が閉鎖された後も庭園は存続して、十九世紀にはイギリスを代表する植物研究所となる。チェルシー薬草園とともに、世界中から略奪してきた植物を研究する場であった。大英帝国に利益をもたらす植物を採集して、キュー・ガーデンズで植物の育成環境や条件に関して研究を重ね、品種改良をして、再度植民地に移植して、プランテーション化を図ることが目的であった。イギリス人たちは、南アメリカのアマゾンに自生する天然ゴムの木をマレー半島に移植してゴムの生産に成功したりした。そして、プラントハンターからも植物学者たちが誕生し、特に、キュー・ガーデンズは大英帝国の王立植物園として君臨し、インドなどの植民地にも王立植物園を創設して、研究の情報交換を行った。

十九世紀における大英帝国の繁栄は、プラントハンターを生み出し、経済効果がある植物だけでなく、観賞用の植物をイギリスに持ちこんだ。

一六〇〇年に創設されたイギリス東インド会社（East India Company）は、アジア各地で香辛料から紅茶、綿織物、砂糖などの貿易において、多大な利益を生んでいった。植民地戦争を繰り返しながら勢力を拡大して、十九世紀にはインドを完全征服した。西洋諸国の植民地支配とともに勢力拡大を目指して、キリスト教伝道師たちが各地へ送られていった。彼らは珍しい植物を採取して、母国に標本を紹介したり、種を持ち帰ったりした。その結果、観賞用の植物の需要が高まり、品種改良が進んだ。そして、イギリス国内では、輸出入に携わる商会が創設されていった。

スコットランド出身のロバート・フォーチュン（Robert Fortune）は、イギリス東インド会社の社員としてアジアを訪れ、中国からインドへチャノキ（茶の木）を持ち出したことで知られている。また、イングランド出身のアーネスト・ヘンリー・ウィルソン（Ernest Henry Wilson）はヴィーチ商会（Veitch and Sons）から派遣されて中国に渡り、約二百種類のアジア原産の植物を、ヨーロッパやアメリカに紹介した。ヴィーチ商会は十九世紀初頭に創設された園芸会社で、十九世紀を代表する植物商会となり、チェルシー・フラワーショー（Chelsea Flower Show）の開催にも尽力した。

海外からイギリスに持ち込まれた原種に品種改良を重ねていく過程で、植物学者や植物商たちがイギリスの風土に合う品種を研究して、多くの種が大量に栽培されるようになる。それらの植物を、産業革命により富と社会的地位を得た中流階級の人々も、生活が改善されつつあった労働者階級の人々も、庭に植えるようになっていった。庭園を造り珍しい植物を競うことが王侯貴族の特権だった時代から、中流階級の人々の時代へ、さらに労働者階級の人々の時代へと移行していった。その変遷において、庭園のスタイルと庭園に対する概念も変化した。

大英帝国の繁栄とともに、十九世紀の産業化や工業化は、イギリスの自然や景観を破壊していった。その急速な変化に対して、異議を唱える人々が出てきた。ナショナル・トラスト（正式名The National Trust for Places of Historic Interest or Natural Beauty）はそのような運動のなかから誕生した。湖水地方は、ナショナル・トラストの地であると言える。ナショナル・トラスト設立の中心人物は、湖水地方で聖職者として活躍した英国国教会の牧師ハードウィック・ローンズリー（Hardwicke Rawnsley）、ロンドンを中心に労働者階級の人々の住宅改革や生活改善を推進した社会活動家オクタヴィア・ヒル（Octavia Hill）、そして弁護士のロバート・ハンター（Robert Hunter）とされる。しかし、実際には、詩人ウィリアム・ワーズワース（William Wordsworth）や美術批評家ジョン・ラスキン（John Ruskin）など湖水地方に住居を構えた知識人たちや、マンチェスターやリヴァプールなどで成功して湖水地方に屋敷や別荘を建てた中流階級の博愛主義者たちの支持があった。

彼らは、産業革命により富を得て、工場が乱立して大気汚染がはびこる都市から逃れて、湖水地方に訪れたり、移り住んだ。ある意味で、彼ら自身が湖水地方への侵入者であり、自然を破壊していった張本人なのである。しかし、鉄道が敷かれていく過程で反対運動が興り、観光地化されていく湖水地方を、自然破壊から守っていくことが提唱された。これらの運動により、湖水地方の自然や生活が破壊されていくことに、ストップがかかったのである。

第二次世界大戦後、一九四九年にはイングランドとウェールズにおいて、「国立公園と田園地帯へのアクセスを定める法（The National Parks and Access to the Countryside Act 1949）」が制定された。一九五一年には、湖水地方国立公園（Lake District National Park）が登録された。総面積約二千三百平方キロメートルを誇る湖水地方国立公園は、イングランドとウェールズにある十三の国立公園のなかで最大であり、スコットランドを含めると二番目に大きな規模の国立公園である。

さらに、二〇一七年には、申請が何度も見送られた世界文化遺産として登録されて、正式名がイングランド湖水地方（English Lake District）となった。この時には、自然と人間の相互作用によって生み出された文化的景観の区分で、世界遺産と評価された。湖水地方には、氷河期の渓谷や点在する多くの湖という自然遺産だけでなく、酪農業を中心とする人々の生活、景観を生かして建てられた屋敷や庭園、そして文化的および文学的遺産があるからである。

このように湖水地方においては、氷河期の渓谷や湖、古森などの自然、そこに生息する動植物、中世から続く屋敷と庭園、特に十九世紀以降に建てられた屋敷や庭園、酪農家たちが暮らすコテージ、そして公園地帯や整備された地域も保護されていった。何より重要なのは、時代を経て、湖水地方を愛する住民たちの努力が現在も続いていることである。

特に湖水地方では、庭に植える植物の種類も豊かである。それは、十九世紀に中流階級の人たちの屋敷が建てられ、庭が整備されていった時に、苗木業や造園業が興ったことによる。ランカスター（Lancaster）やウィンダミア（Windermere）にはトマス・モーソン

（Thomas Mawson）などにより造園会社が設立されていった。モーソンは、ウィンダミアに小さなレイクランド苗木園（Lakeland Nursery）を興し、さらに植物販売から庭園のデザインを手掛け、最終的には、景観建設に至るまで幅広く活躍して、ウィンダミアだけでなくランカスターとロンドンにもオフィスを構えた。モーソンの会社は一八八五年から一九二〇年まで続いたが、現在でも彼の功績は湖水地方に残っている。

十九世紀には大規模な造園ではなく、理論と実践に基づき、生産及び鑑賞の両方に価値を置く園芸学（あるいは、園芸術、horticulture）の概念が広がり、一八〇四年にはロンドン園芸協会（The Horticultural Society of London）が創設された。園芸学の世界では、特に品種改良を奨励して、チェルシー・フラワーショーの開催などを行った。一八六四年には王室の勅許を得て現在の王立園芸協会（略名ＲＨＳ、The Royal Horticultural Society）となった。

イギリスでは、歴史ある城や貴族の屋敷に造られた中世から続く古典様式である整形庭園に対して、十八世紀にはイギリス独自の風景庭園が流行した。この風景庭園のデザインが競い合われ、ウィリアム・ケント（William Kent）、ケイパビリティ・ブラウン（Capability Brown）というニックネームで呼ばれたランスロット・ブラウン（Lancelot Brown）、ハンフリー・レプトン（Humphry Repton）などの造園家たちが生まれた。

それらの大規模な造園や造園家に対して、園芸学は、多様なバックグラウンドを持つ個人が植物を研究して育て、より文化的成果を誇る活動である。そこに新たに参入してきた人々のなかには労働者や女性たちがいた。庭師ウィリアム・ロビンソン（William Robinson）は、華美で装飾に満ちた庭に対して、より自然の小庭園を提唱して、ロックガーデンを考案したガーデナーとして活躍した。同時代の、アーツ・アンド・クラフツ運動の工芸家としてスタートしたガートルード・ジーキル（Gertrude Jekyll）もまた、ガーデナーとして色彩や植物の形状に基づく作庭を行い、多くの著作を残した。彼らは、より自然を生かした庭には、大衆化されて一般市民にも入手しやすくなった植物を植えることを奨励した。彼らは、現代のイギリスのガーデニングの基礎を作ったと言える。

この新しい園芸活動に参加した労働者階級の人々は、一度は上流階級の人々が導入した植物が大衆化されると、それらをコテージガーデン用の植物として好んで自分の家の小さな庭に植えるようになる。特に、産業革命で多くの労働者を生み出したミッドランズ、ランカシャー、ヨークシャー、スコットランドなどでは、炭坑や繊維工場で働く労働者たちにとって、園芸は労働者用の住居として建てられたテラスハウスでの重要な活動となった。

彼らは、コテージガーデン用の小さな花々――パンジー、チューリップ、アネモネ、サクラソウ、カーネーション、ナデシコ、ヒアシンス、プリムラ、ラナンキュラスなど――を好んで植えた。そして、フローリスト（園芸愛好家、florist）として、品種改良をして報告し合ったり、品評会を開催したりして競い合った。

湖水地方では自然景観の保護と同時に、造園や園芸学が発展した。湖水地方が多くを占めるカンブリア（Cumbria）州では、国立公園に指定されている地域だけでなく、その周辺も豊かな自然と歴史的および文化的意義に恵まれている。カンブリア州からランカシャーにかけて、湖水地方からの川が流れ出る南のモアカム（Morecambe）湾沿岸地域、ホワイトヘヴン（Whitehaven）を中心とする西沿岸地域、そしてカーライル（Carlisle）を中心とするスコットランドやヨークシャーとの境となる地域などにも、屋敷や住宅と庭園、そして自然保護地区や公園が造られていった。

二〇二三年に上梓した『イギリス湖水地方　ピーターラビットの野の花めぐり』では、ピーターたちが住む自然界の植物に関して書いた。そこで今回は、ピーターたちを脅かす人間が造り上げたガーデンの植物に関して書こうと思う。ビアトリクス・ポター（Beatrix Potter）のニアソーリー（Near Sawrey）村にある農場ヒルトップ（Hill Top）の庭は、『ピーターラビット』シリーズのモデルとなり、作品中には豊かな植物が描かれている。自然界に住む野生動物であるピーターたちにとって、人間が造り上げた庭は別世界だった。その世界に侵入するピーターたちは、様々な困難に立ち向かうのである。しかし、庭の植物はピーターたちをやさしく見守るように植わっている。そこで、ピーターたちとガーデンに訪れてみようと思うのである。

『ひげのサムエルのおはなし』より、ガーデンからの自然風景

I

春の囁《ささや》きに誘われて

湖水地方の春は、雨と湖の水の潤いとともに訪れる。そして水は春の色を届けてくれる。

まだ寒さが残る早春には、天から黄色い絵の具が一滴、また一滴と落とされて、春を告げる黄色いレンギョウやラッパスイセンが咲き始める。春たけなわになると、薄いピンク色や透明感がある白色のヴェールが、あちらこちらに落とされて、枝のみだったモクレンの木々にふんわりとかかる。木々の根元には小さな花々が咲く。

そして、丘や渓谷にかかった靄が晴れてきて、木々のやわらかい緑が輝いてくると、民家の庭や公園は、ピンクや薄紫などの明るい色で満たされる。そこから、春の囁《ささや》きが聞こえてくるのだ。

CROCUS

春雨のしずくの精たち

クロッカス

まだ寒い三月にウルヴァーストン（Ulverston）のスワースムア・ホール（Swarthmoor Hall）を訪れた時、ちょうど裏庭では一面にクロッカスが咲いていた。ウルヴァーストンの駅から住宅地を通り、スワースムア・ホール・ウッドへと続くフットパスを歩いていた時に、小川が流れる空き地に出たのだが、そこで迷子になってしまった。ちょうど犬の散歩に来た地元の女性にホールへの行き方を訪ねると、そこまで一緒に歩いてくださった。塀が続くところを歩き始めると、彼女がその塀の向こうにはクロッカス畑があり、ちょうど咲き誇っている頃だと教えてくれた。

スワースムア・ホールは十六世紀に建てられた地元の名士フェル家の屋敷で、クエイカー（現在のキリスト教友会、The Society of Friends）の里として知られている。その館の女主

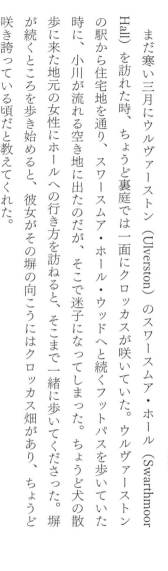

人であるマーガレット・フェル（Margaret Fell）がクエイカーの創始者とされる求道者ジョージ・フォックス（George Fox）を滞在させたことで知られている。そのホールの裏の畑に、三月になると紫の絨毯を敷き詰めたようにクロッカスの花が咲き乱れるのだ。畑にはミツバチの巣箱が置かれており、ゆったりとした時間が流れている。

クロッカスという名前は、サンスクリット語やカルデア語にもあるほど古い。また、秋咲きでバーブとして重宝されているサフランも、その名前はアラビア語から来ている。ローマ人がイギリスにもたらしたとされるサフランは、十四世紀頃に復活して大量栽培され始め、十八世紀まで高価な商品として売られていた。エセックス州のマーケットタウン、サフランウォールデン（Saffron Walden）の名前は、十六世紀から十七世紀にかけてサフランの生産地として認められたことに由来している。

クロッカスは、古代ローマ時代から愛の象徴とされてきた。英語名が、「聖ヴァレンタインに捧げる花」であるように、クロッカスはヴァレンタインの日と関連がある。三世紀、キリスト教が認められていなかったローマ帝国で、それに反した医者でキリスト教殉教者のヴァレンタインが、投獄されて死刑を宣告された時、彼は、彼を信奉した看守の盲目の娘ジュリア（Julia）に手紙を送った。娘がその手紙を開くと黄色いクロッカスがあり、その花の力で娘は視力を取り戻し、至上の喜びに満たされたという。それ以来、喜びを表す聖ヴァレンタインの花として知られるようになった。

また、クロッカスは冬の終わりから早春にかけて咲く花の一つとして、若さや再生を象徴する。ギリシャ神話などにもいくつかの伝説がある。その一つに、神ヘルメス（Hermês）と美しい娘クロクスの悲恋の物語がある。二人で雪山に出かけた時に、クロクスがそりから谷底に落下して死んでしまう。白い雪のなかで息絶えたクロクスの生まれ変わりが、クロッカスの花であるとされる。

もう一つの悲恋の伝説が、美少年のクロッカスと羊飼いの娘の物語である。神々から結婚を許されなかった二人は、それぞれ命を絶ってしまう。二人を哀れに思った花の女神アフローディーテ（Aphroditē）が、美少年をクロッカスの花に、羊飼いの娘をスミラックス（Smilax）の花に変えたとされる。また、人間の若者クロッカスとニンフのスミラックスが恋に落ちた時、神々は二人が永遠に一緒にいることができるようにと、それぞれを花に変えたという伝説もある。

クロッカスは南ヨーロッパなどの地中海沿岸、トルコや中央アジアが原産で、そこからイギリスに園芸種として入ってきた。西イングランドとウェールズに自生するMeadow

Saffronは、秋咲きである。

ウルヴァーストン、スワースムア・ホールのクロッカス畑

NARCISSUS

パレットから飛び出した黄色いブーケ

スイセン

スイセンの明るい黄色は、イギリスの春を表す色である。部屋のなかにスイセンの花を飾ると、甘い香りが部屋中に広がる。二月から三月になると、花屋の軒先には黄色いラッパスイセン（Daffodil）のブーケが並ぶ。それは、春を告げるプレゼントになる。

自生するスイセン、特に黄色いラッパスイセンは、湖水地方ではロマン派詩人のウィリアム・ワーズワースの詩「一つの雲のやうにさびしく私はさまようた（"I Wondered Lonely as a Cloud"）」とともにある。ワーズワースは、愛した娘ドラが亡くなったことを悼んで、アンブルサイド（Ambleside）近郊にある自宅ライダル・マウント（Rydal Mount）の斜面一面に、ラッパスイセンの球根を植えた。現在ナショナル・トラストに管理されている「ドラズ・フィールド（Dora's Field）」の風景は、湖水地方の春の訪れを象徴する。湖水地方の公園地帯やランカスター大学のキャンパスなどでも、斜面一面にラッパスイセンが植えられており、春の到来を感じる空間作りが盛んに行われてきた。

春を告げる花であるスイセンには、悲恋の神話がある。属名ナルキッソス（Narcissus）は、ギリシャ神話の美少年の名前に由来している。ナルキッソス（Narcissos）に恋をした森のニンフであるエコー（Echo）は、その恋がかなわず、落胆のあまり姿が消え、最後には声だけが残った。ナルキッソスは自分しか愛することができないという呪いを神からかけられて、泉の水面に映った自分自身に恋をして死んでしまう。自分に口づけをしようとして泉に落ちて溺死したという説や、自分に恋焦がれて泉から離れることができずに息絶えたという説などがある。彼を哀れに思った女神は、ナルキッソスをスイセンの花にした。水辺に咲くスイセンの花は、ナルキッソスの化身であり、フロイトの精神分析において最初に使われた自己愛（Narcissism）の語源となる。

ナルキッソスのもう一つの語源に、ギリシャ語で、誤って食べると麻痺を起こし昏睡するという意味のナルケという説がある。スイセンには葉にも球根にも毒性があり、誤って食べると、中毒症状を起こすなど死に至る危険もはらんでいる。有毒植物としてのスイセンは、民間療法では炎症やむくみに効くとされた。

清楚で可憐な美しさと甘い香りを持つスイセンには、悲しく残酷な物語と猛毒で身を包んだ姿が隠されている。

原産地はヨーロッパ、特にスペインとポルトガルがあるイベリア半島から北アフリカ、そして地中海沿岸の地域から、アジアにも広く分布している。日本では中国を経由して渡来して、帰化した。

『こねこのトムのおはなし』より、ラッパスイセンやナデシコなど

COMMON HYACINTH

小さな星たちの願い
ヒヤシンス

モアカム湾を望むグレインジ＝オーヴァ＝サンズ（Grange-over-Sands）の遊歩道には、四季折々の植物が植えられている。自生する植物も移植されており、イギリスの自然を体感できるようにデザインされている。春には、ラッパスイセンやクリスマスローズなどと一緒に、ピンク、紫、白などのヒヤシンスの花々も顔を出す。

ヒヤシンスという名称は、ギリシャ神話に出てくる同性愛主義者のヒュアキントス（Hyakinthos）に由来する。彼は、太陽神アポロン（Apollōn）と西風の神ゼピュロス（Zephyros）から求愛されて、板挟みとなる。ヒュアキントスはアポロンを好きだと言ったために、ゼピュロスに復讐されてしまう。ゼピュロスは自分の風の力を使って、アポロンが投げた円盤がヒュアキントスに当たるようにしむけて、ヒュアキントスを殺害してしまった。その時、ヒュアキントスの額の傷から血が流れ落ち、そこからヒヤシンスの花が咲いた。それは、アポロンが彼を美しい花として残したからだと言われている。

オスマン帝国時代に、自生するヒヤシンスが、園芸種として栽培され始めた。十六世紀にはヨーロッパ大陸に伝わったとされている。オランダでは、チューリップと同様に、貴重な園芸種として品種改良が進み、一七三三年には二千種ほどの変種が栽培されていた。現在では、オランダに持ち帰られて品種改良が進んだヒヤシンスが、園芸種として広まっている。

イギリスにも十六世紀に持ち込まれたが、品種改良が進んだのは十八世紀になってからである。チェルシー薬草園でも研究が行われて、ヒヤシンスの水栽培の実験が行われた。ヒヤシンスがテムズ川の水でもよく育つことが証明され、水のなかで根を張っていく様子を観察することも楽しいという付加価値が付いた。また、クロッカスなどと一緒に花壇のボーダーに植えることも好まれた。しかし、十八世紀から十九世紀にかけて改良された品種は、一度は、二十世紀初頭に衰退してしまった。

原産地は地中海沿岸のギリシャ、シリア、トルコ、レバノン、イスラエルやイランなどである。

PANSY

陽光に向けて、満面の笑顔

パンジー

スミレから園芸種として品種改良されたパンジーは、春のガーデンの主役となってきた。パンジーは、『こねこのトムのおはなし』、『パイがふたつあったおはなし』、『フロプシーのこどもたち』において、春のコテージガーデンのなかで描かれている。特に、『パイがふたつあったおはなし』では、お茶に招いてくれた猫のリビーのために犬のダイチェスが持ってきた花束に、多色のパンジーが入っている。十九世紀に品種改良が盛んに行われて、さらに大衆化されたパンジーは、身近な観賞用植物として定着していった。一八三五年までには四百もの品種が誕生していたとされる。

イギリスでは、フローリストたちがパンジーの品種改良に携わり、原種から観賞用として高い基準を満たすショーパンジー（Show Pansy）が誕生した。一八一三年にイギリス海

軍提督のジェームズ・ガンビア卿（James Gambier, 1st Baron Gambier）が庭師のウィリアム・トムソン（William Thomson）にショーパンジーの改良をさせて、一八三五年には改良種が販売されるようになった。ヨーロッパ大陸では、品種改良の結果、左右対称の色を特徴としたショーパンジーとは異なり、左右対称の色にならないファンシーパンジー（Fancy Pansy）が生まれて、人気の品種となった。パンジーは観賞用としてだけでなく、食用のエディブルフラワー（edible flower）としても好まれた。

英名パンジーは、中期フランス語の「思想」という意味のパンセ（pensée）に由来するとされる。そのため、パンジーの花は、思想の自由を求めた人々に自由のシンボルとして好まれた。

しかし、英語でパンジーボーイ（pansy boy）は、同性愛者や女性的な男性に対しての侮蔑的な俗語にも使われた。英語では、パンジーの原種とされるサンシキスミレを含めて、ヴィオラを、「心の安らぎ（heartsease）」と呼んでいた。

学名のヴィオラ（Viola）は、ラテン語で、ギリシャ神話で牝牛に変えられてしまった恋人イーオー（Io）に食べさせるためにゼウス（Zeus）が作ったとされる。

コテージガーデンに適した小さな花であるパンジーは、春になると湖水地方を代表する、ケンダル（Kendal）近くの屋敷レヴェンス・ホール（Levens Hall）のトピアリー（topiary）の根元にも敷き詰められる。夏の終わりや秋にかけて植え付けられ、冬を越えて春まで咲き続けるパンジーは、ガーデンには欠かせない。

ヨーロッパから中近東に広く自生していたスミレを交雑して、園芸品種が次々と出てきた。

『パイがふたつあったおはなし』より、パンジーの花束とクレマチス

『こねこのトムのおはなし』より、パンジー、ナデシコなど

TULIP

大切な宝物を守っているよ

チューリップ

ケント川が流れ出るモアカム湾を望む海辺の小さな町アーンサイド（Arnside）には、山の手に移住してきた人たちの豪華な屋敷が建てられ、プロムナードに沿って小さなホテル、パブ、カフェが並び、その先の広大な敷地に高齢者施設がある。プロムナードに沿って歩くと、春の花壇には黄色のスイセン、白いイベリスと一緒に、赤やピンクのチューリップが植えられている。色とりどりの花たちの共演が始まったのだ。

一本の茎からすっと伸びたチューリップの蕾が次々と咲き始めると、春の公園や個人の庭がぐっと明るくなる。春のガーデンには欠かせないチューリップは、エキゾチックな形状から稀少な花として貴族たちに好まれ、品種改良が進み、様々な色や形状が生まれて、大衆化された。

チューリップという名前は、ペルシャ語でターバンが由来だという説がある。その形が、イスラム教徒たちが頭に巻くターバンに似ているからだとされている。

ペルシャの神話において、若者ファーハァド（Farhad）は王女シリン（Shirin）に愛を告白できないまま、彼女の死の知らせを受けた時に、悲しみのあまり自殺してしまう。彼が血を流した場所に、赤いチューリップが咲いたとされる。ゆえに、赤いチューリップは永遠の愛の証であるとされてきた。

チューリップは、イスラム教においてもキリスト教においても、重要な花である。イスラム教では、アラビア語でアッラー神（Allah）を表す語であるために、アッラー神のシンボルである。そのため、イスラム圏において、テキスタイル、タイル、絵画などの芸術作品によく描かれてきた。トルコにおいては、チューリップは現世の天国の象徴である。オスマン帝国では、先が尖ったチューリップが好まれた。

また、キリスト教では信仰の証であり、赤いチューリップはキリストの血を、白いチューリップは潔白を表し、さらに紫のチューリップは神への忠誠を表す。チューリップはイースターの頃に開花するために、新たな生命とキリストの復活を意味する。

十六世紀にトルコからヨーロッパに伝わって以来、チューリップは政治や経済さえも左右する花となる。特にオランダに伝わったことで、ライデン植物園において植物学者カロルス・クラシウス（Carolus Clusius）により研究され、品種改良されて園芸種として人気を博した。その結果、オランダの重要な輸出品となり、一六三六年から一六三七年にチューリップ・バブルと呼ばれる現象を引き起こした。このチューリップ・バブルを題材に、フランスのアレクサンドル・デュマ・ペール（Alezandre Dumas, père）は、小説『黒いチューリップ（*La Tulipe Noire*）』で、黒いチューリップの品種改良における陰謀を描いた。

イギリスでは、農業が盛んなリンカンシャーのサウス・ホーランド（South Holland）地区にあるスポルディング（Spalding）が、チューリップの球根栽培で有名である。この地域は、長らくオランダと関係が深く、二十世紀初頭から一九五〇年代まで、チューリップ栽培は一大産業だった。オランダ出身のギースト（Geest）一族がスポルディング球根会社を経営し、多くの農場でチューリップやスイセンの大量生産が行われた。

原産地はトルコが最もよく知られているが、中近東のイランから中央アジアのキルギスまで広く自生している。

BLUE POPPY

秘境からやってきた客人
ブルーポピー

ケズィック（Keswick）からダーウェント湖（Darwentwater）に向かってフットパスが通っており、その途中でヴィクトリア時代に建てられた屋敷リングホルム（Lingholm）に立ち寄ることができる。ポターが家族と一八八五年頃に滞在したとされ、ポターはその屋敷のガーデンをスケッチし、『ピーターラビットのおはなし』に出てくるマグレガーさんの庭のモデルにしたと言われている。また、領地内の埠頭から船が出ているが、それはポターの『りすのナトキンのおはなし』のなかで、りすたちが木の枝で造ったいかだに乗って、ふくろう島に出発するところでもある。現在では、リングホルム・エステイトとして、ホテルやカフェとなっている。観光客用にピーターラビットをテーマにしたウォールドガーデンが、新しく造られた。しかし、何よりもリングホルムが有名になったのは、一九八〇年

代にブルーポピーの品種改良と栽培に成功して、リングホルム・ポピーを世に出したことである。

ブルーポピーは、青い花を咲かす幻の花としてヒマラヤの山岳地帯で採取され、ヨーロッパに持ち込まれた。プラントハンターたちは危険な秘境に咲くブルーポピーに魅了されて、競い合って採集した。十九世紀後半に、キリスト教伝道師やプラントハンターにより、標本と種子がヨーロッパに持ち出された。特にイギリスではブルーポピーの一大ブームが起こり、品種改良が繰り返された。一般には英語で、「ヒマラヤの青いケシ（Himalayan blue poppy）」と呼ばれる。

属名のメコノプシス（Meconopsis）は、ギリシャ語で「ケシに似た」という意味である。メコン（Mecon）はケシという語でオプシス（opsis）は「似る」という意味の語である。ヒマラヤなどの高地で咲く青だけでなく様々な色の花々が、ポピーと似ているからそう名付けられた。

リングホルム・ポピーは、屋敷のヘッドガーデナー（head gardener）だったマイク・スィフト（Mike Swift）が、開花後に枯死する特性のブルーポピーとは異なる、受精能力がある新しい品種として栽培したものである。その後、屋敷を去ったスィフトはスコットランドのマル島（Isle of Mull）に移住してリングホルム・ポピーの栽培を続けた。スィフトは、二〇一四年にリングホルムがホテルとして開業されると、その品種をもう一度、リングホルムに移植した。二〇二四年、リングホルムのヘッドガーデナーは、息子のケン・スィフトである。

西ヨーロッパから中央アジアおよびヒマラヤや中国奥地が原産地である。秘境の、しかも標高三千メートルから五千メートルの高山に自生している。ブルーポピーはブータン王国の国花である。

『なすのナトキンのおはなし』より、
湖水地方ダーウェント湖の秋景色

PINK

にっこり赤ちゃんのほっぺ

ナデシコ

Toogood,
Collin's Gem,
Garden Flowers

バラやチューリップに比べると小さくて地味なナデシコは、身近に感じる花である。中世シトー修道会の時代にその存在が確認されたが、十八世紀になって園芸種となり、十九世紀には人気の花となる。そして、その愛くるしい姿は、イギリスではコテージガーデンに好まれた。

『ベンジャミンバニーのおはなし』のなかでは、ピーターより背が高いナデシコが描かれている。赤い四枚の花弁のナデシコは、シルバーがかった緑の葉を付けたすらりと伸びた茎の先に咲いている。また、『まちねずみジェニーのおはなし』では、間違って町に連れていかれた田舎に住むねずみのチミーが、自分の庭にはバラとパンジーとともにナデシコの花が植わっていることを、町のねずみジェニーに話す。自然豊かな田舎の静かで穏やかな庭に、植えられたナデシコは、ささやかな幸せを運んでくれたのであろう。

属名のディアントスは、ギリシャ神話の神ディオス(Dios)に由来する。ディオスは、ギリシャ神話では全能の神ゼウスとも呼ばれ、ローマ神話ではジュピター(Jupiter)のことである。これら最高神の名前が付けられていることからも、ナデシコが気高く美しい花として称えられたことがわかる。

『ベンジャミン バニーのおはなし』より、ナデシコ

英語名のピンクは、花の色のピンクに由来していない。むしろ、その逆である。もともとピンクとは、目がかわいいとかキラキラしているという意味で使われた語であるという説がある。そして、この花から、色を表すピンクの意味が生まれたとされる。

長い間評価されなかったナデシコは、イギリスでは、十八世紀から十九世紀にかけての頃から、品種改良されて、多種多様な品種が誕生した。一七七二年には観賞用のショーピンクである「レディー・ストーヴァディル(Lady Stoverdale)」という品種が出現する。それが、ピンクとなり、十九世紀にはコテージガーデンには欠かすことができない花となった。特にノーサンバーランドやダラムの炭鉱夫たちがフローリストとして、競ってピンクを育てたことにより、多くの品種が世に出た。また、最もよく知られている「シンキンズ夫人（Mrs Sinkins)」という名の品種は、一八六八年に救貧院内で院長が交配に成功し、自分の妻キャサリン・シンキンズの名前を付けたものである。十九世紀から二十世紀にかけて自然を尊重した作庭家であるウィリアム・ロビンソンは、ピンクは花壇には欠かすことができない花だと述べている。

日本原産のカワラナデシコに対して、ヨーロッパ原産のナデシコは、江戸時代にオランダを通して日本に伝来した。ナデシコの属名ダイアンサスは、ギリシャ語で「神聖な花」である。一方、和名のナデシコは、「頭をなでたくなるほどかわいらしい子」を思い起こすことから名付けられた。秋の七草のひとつであり、『万葉集』にも詠まれている。

ナデシコは、ヨーロッパ、アジア、そして北米など世界中に分布している。ヨーロッパ原産のナデシコはフランス南部や東部に自生し、十五世紀以降栽培され続け、現代のカーネーションの原種だとされている。

『まちねずみジェニーのおはなし』
より、パンジーとナデシコ

BELL FLOWER

みんなで集まって大合奏

ベルフラワー

春になると、それまではごつごつした石しかなかった生垣に、薄紫のちいさなベルのような形の花が上を向いて、たくさん咲き乱れている姿に驚く。ベルフラワーは横へと広がり、みるみるうちに柔らかなこんもりした紫のクッションができあがるのだ。

属名のカンパニュラ（Campanula）の語源は、ラテン語で「小さな鐘（campana）」である。イングランドのカンタベリー寺院を訪れる巡礼者の持っていたベルに似ていることから、「カンタベリーの鐘（Canterbury bells）」という英名もある。また、十六世紀から十七世紀には「コヴェントリーの鐘（Coventry bells）」という名もあったという。小さな卓上用のものから、高く成長して大きな花を付けるものまである。日本では、ツリガネソウやフウリンソウと呼ばれている。

カンパニュラは、ギリシャ神話において、一説には、果樹園の番人をしていた精霊のニンフが生まれ変わった姿だと言われている。ニンフが兵士に殺された時に、彼女を哀れに思った花の女神フローラ（Flora）が、彼女を花に変えた。

もう一つの神話は、ヴィーナス（Venus）が持っていた、全てのものが美しく映る魔法の鏡の話である。ヴィーナスがそれを地上に置き忘れた時に、羊飼いが見つけて、鏡に映る自身の姿を見ているうちに、ヴィーナスに返したくなくなった。それを愛の神キューピッド（Cupid）が取り戻しに来た時に、鏡が割れてしまう。その割れた鏡から花が咲いたという。それが、カンパニュラだと言われている。

イギリスでは自生するカンパニュラが栽培されるようになっていた。十五世紀頃から食用として重宝され、サラダにしたり、付け合わせの野菜にしたりしてよく食べられていた。十七世紀から十九世紀にかけては、鉢植えで育てることが流行した。特に、夏、部屋に持ち込み、暖炉の上に飾ったりした。十九世紀になると、ガートルード・ジーギルは、剪定して多くの花が咲くように栽培した。

カンパニュラの原産地はヨーロッパであるが、ベルフラワーの原産地は旧ユーゴスラビア、現在のクロアチアのダルマチア地方である。ゆえにダルメシアン・ベルフラワー（Dalmatian bellflower）と呼ばれている。

コニストン、ブラントウッドの黄色と薄紫色のシャクナゲ

アーンサイドの民家、春のフロントガーデン

GOLDEN BELLS

黄色のショールがふんわりと
レンギョウ

春になり、ランカスターのフラットの近くを歩いていると、あちらこちらの家の生垣に黄色のカバーがかけられているような景色に出会った。近付いてみると、それは花が一気に枝いっぱいに咲いて、黄色一色になったレンギョウの木だった。

英名の「金色のベル」が表すように、レンギョウは長く垂れた枝の端から端まで小さな黄色い花をびっしりとつける。その枝が垂れた様子から、「垂れた（suspensa, weeping）」が属名フォーサイシア（Forsythia）に付加されることもある。低木の落葉樹であるレンギョウは、イギリスでは剪定されて生垣によく用いられる。春の黄色い色で、家の周囲が明るくなる。

属名のフォーサイシアは、スコットランド出身の植物学者W・A・フォーサイス（W. A.

Forsyth）にちなんで名付けられた。十八世紀、フォーサイスは、チェルシー薬草園で庭師として修業を積み監督者となった。さらにケンジントン宮殿の専属庭師となり、王立園芸協会の創設者の一人となった。

レンギョウは中国から日本には江戸時代に渡り、自生してきたとされている。和名の連翹は誤用されて付けられた名前である。レンギョウの実は、特に漢方薬にも用いられてきた。乾燥させたレンギョウの実は、清熱や解毒に効果があり、また皮膚病にも効くとされている。

この日本に帰化したレンギョウを、スウェーデン出身でリンネの弟子カール・ペーテル・ツンベルク（あるいは、ツュンベリー）（Carl Peter Thunberg）が、十八世紀に確認している。その後、十九世紀にロバート・フォーチュンが、中国でレンギョウを見つけてロンドン園芸協会に報告した。さらに、アジアでは朝鮮半島からも別の種が持ち出されたり、ヨーロッパではアルバニアでも新しい種の存在が知られたりした。そして、二十世紀前半まで品種改良が続いた。そのなかで、ドイツで交配されたスペクタビリス（spectabilis）種が、園芸種としても切り花としても人気が出た。

レンギョウは東アジア、特に中国に広く自生している。中国名は黄寿丹である。セイヨウレンギョウの原産地は、トルコやギリシャなどヨーロッパ南東部である。

MULAN MAGNOLIA

ハンカチを振ってごあいさつ

モクレン

トレッキングの季節がふたたび訪れて、湖水地方に行くバスに乗っていると、二階のバスの窓から、あちらこちらでモクレンの花が咲いている光景を目にする。大きな木の枝にハンカチが舞い降りてきたかのように咲き誇る、白や薄いピンクの花々に目を奪われてしまう。そして木の下に寄って行くと、甘い香りに酔いしれそうになる。

イギリスの春色はラッパスイセンがもたらす黄色だとよく言われるが、落葉樹であるモクレンの枝だけの高い木を、一挙に変えてしまうモクレンの花の薄紅色もまた春の訪れを表す色である。

十六世紀には、アメリカ大陸に自生するモクレンの存在が確認された。大航海時代の十七世紀には、スペイン、フランス、イギリスからやって来た医者や宣教師たちによって、新大陸の植物としてヨーロッパに紹介されていた。

属名のマグノリアは、フランスの植物学者ピエール・マニョル（Pierre Magnol）にちなんで名付けられた。一七〇三年に、フランス人植物学者シャルル・プリュミエ（Charles Plumier）が、カリブ海のマルティニーク（Martinique）島において自生するモクレンを、マグノリアと名付けたとされている。

十八世紀以降になると、アジア産のモクレンが、ヨーロッパやアメリカに持ち込まれて品種改良された。十八世紀には、プラントハンターたちが中国と日本からモクレンを持ち出した。品種改良されたモクレンは、園芸用として栽培されている。モクレンは観賞用としてだけでなく、その良い香りから精油の元ともなる。

中国が原産のモクレン（denudata種、和名ハクモクレン）は、日本には漢方薬のもととして持ち込まれ、平安時代にもその名が残されている。後に観賞用として植栽されるようになった。中国では七世紀から栽培されており、高価な花として重宝された。

モクレンの原種は、東アジアと北アメリカに広く分布する。世界最古の花木を言われているモクレンは、古代からのメッセンジャーなのである。

RHODODENDRON

両手からこぼれそうな幸せの束

シャクナゲ

春になってウィンダミアとアンブルサイドの間の湖畔に建てられたブロックホール(Brockhall)を訪問すると、モクレンの花が咲く頃には、シャクナゲの花も開花して、遠くからでも、木々に溢れんばかりの白やピンク色の花々の共演を見ることができる。湖水地方では、名家の広大な敷地にも、民家の庭にも、また公園地帯にも、シャクナゲが多く植えられている。ポターも『こねこのトムのおはなし』において、生垣に植えられた大きな濃いピンクのシャクナゲの花を描いている。その花房は、子猫たちの顔ほどの大きさである。

シャクナゲの花は多くて十以上の花が房状にかたまって咲くので、華やかで存在感がある。しかも、それらの花房が大木にたわわに生るのだから、見ごたえがある。世界で自生するシャクナゲは千種類以上あるとされている。そのなかで七五〇種が、一九七五年までに発見されて記録されている。

属名のロードデンドロンは、ラテン語でローズ・ツリー（Rose tree）という意味である。一七五三年に、リンネが正式に属名ロードデンドロンと命名した。その後、イギリスに自生する他の属に分類されていた種を入れるために、アザレアという別の属を作った。

十六世紀から十八世紀にかけて、ヨーロッパやアメリカ大陸に自生するシャクナゲが、イギリスに持ち込まれてきた。また、十八世紀に、フランス人植物学者が中東で、さらにリンネの弟子がジブラルタルで、確認した。ジブラルタルからシャクナゲの種子が輸入されると、それらに耐寒性があり、イギリスでも栽培が容易だとわかる。その結果、十九世紀に入るとロンドンの市場に多く出回るようになり、シャクナゲブームが起こり、屋敷の持ち主たちが大量に購入して敷地に植えることにもなった。十九世紀にわたり、ヨーロッパやアメリカでは盛んに交配が行われた。

シャクナゲは早くから中国において存在が確認されていたが、多くがヒマラヤの奥地に自生していたため、プラントハンターたちにとっては困難な道のりだった。一九〇五年以降になると、中国の植物を次々に収集していたプラントハンターたちが、数百種の種子を

『こねこのトムのおはなし』より、
シャクナゲ

集め、イギリスに持ち帰った。ヨーロッパでは、それらのシャクナゲが品種改良され、観賞用の園芸種である西洋シャクナゲとなっていった。

シャクナゲのなかには、古くから食用や薬用として重宝されてきた種があった。チベットでは砂糖漬けのシャクナゲは貴重な高級食材だった。また、シベリアでは民間療法としてリウマチや関節の痛みに効果があり、葉は鎮静剤となった。それがヨーロッパにも伝わった時期があった。しかし同時に、猛毒がある種も確認されている。

現在では、シャクナゲは園芸種として世界中で人気があり、五千種類以上が栽培されている。常緑の低木とされているが、湖水地方では高木も多く、森のなかでもたくましく育つ。

シャクナゲはアジアを中心に広く北半球に分布しているが、ヒマラヤのような高山地帯からオーストラリアなどのオセアニアに至るまで自生している。

ROSE

秘密の誓いの証

バラ

赤バラはランカスターのシンボルであり、現在ではランカシャーの州花である。ランカスターの街にはその紋章の名残をいろいろなところで見ることができる。ランカスター大学のスクールカラーは赤で、校章にも赤バラが入っているし、コモンルームの椅子は赤という具合である。また、ランカスター・ガールズ・グラマースクールのユニフォームであるセーターには、赤いバラが刺繍されている。授業が終わる頃、このかわいいセーターを着た女子生徒たちが、次々と駅へと歩いて行く姿を見かける。

バラ戦争は、中世のイングランドにおいて、赤バラを紋章とするランカスター家と白バラを紋章とするヨーク家の間に起こった内乱である。三十年続いた内乱の結果、ヨーク家は滅亡した。しかし、一四八五年、ヘンリー七世がイングランド王に即位してチューダー朝が誕生し、王位継承権を持つヨーク家エリザベスと結婚した。そして、両家の赤バラと白バラを一緒にした紋章をチューダー朝の紋章とした。チューダー朝は、絶対王政を確立させ、ヘンリー八世からエリザベス一世の時代まで全盛期を迎えることとなる。

英語のローズは、ラテン語のローザ（rosa）や、ギリシャ語のロドン（rhodon）に由来するが、どちらも赤いという意味の語である。つまり、バラと赤は同義だったのである。ランカスター家の赤バラは、オールドローズとなっている品種ロサ・ガリカ・オフィキナリス（Rosa gallica var.officinalis）であるとされる。ラテン語でガリカは「フランスの」という意味で、オフィキナリスは「薬用の」という意味である。オールドローズは、ヨーロッパで古代から育てられていたバラで、一般に一八六七年に初めての交配種であるラスランスが生まれる前のバラだと言われている。

英語に、「バラの下で（under the rose）」という表現がある。これは「秘密に」という意味で、もともとラテン語の「サブ・ロサ（sub rosa）」から来ている。ギリシャ神話において、愛の神キューピッドが、母親である美の女神ヴィーナスが浮気をしていることを知り、それを秘密にしておくために沈黙の神ハルポクラテス（Harpokratēs）に賄賂としてバラを贈った。そして、バラが秘密のシンボルとなった。部外者に聞かれたくない会議をする場合には、天井からテーブルの上までにバラを吊るして外部に漏らさないという誓いの印とした。このことから、懺悔《ざんげ》室の上にバラの彫刻が施されるようになった。また、ヘンリー八世の時代には、天井にバラの彫刻が施されるようになった。ここからローゼット(rosette, 英語で ceiling rose)という天井からシャンデリアなどのライトを取り付ける陶器の飾りが生まれた。

バラの原産地は北半球の温帯地域である。広くヨーロッパから中近東、アジア、北米に自生する。

II

初夏から夏へ、光との共演

湖水地方の夏は、太陽の光を含んで輝いている湖面のたくましさに支えられる。日が長くなり、肌に触れる風が心地よくなる初夏になると、光の粒が花々に降りかかり、赤やオレンジ、濃いピンクや薄紅色、紫に薄紫という色彩の共演が始まる。夏真っ盛りには、その光の粒は大きくなり、花びらに、そして葉の上にころがり落ちる。

緑が深くなった渓谷や森からのエネルギーは、庭園や公園、そして家の軒先にまで届いて、花たちに力を与えてくれる。花と光の共演が始まるのだ。

BEGONIA

小さな森から顔を出した子供たち

ベゴニア

ニアソーリー村を訪れた時、ポターが暮らしたヒルトップ近くの民家の白壁を背景に、赤と黄色の大きなベゴニアの花が、ハンギングバスケットや鉢植えで咲いていた。夏になると、鉢植えやハンギングバスケットにベゴニアは欠かすことができない。小さな森のような緑の葉の間から、細くて曲がった茎が伸びて、赤、ピンク、そして白のかわいい花が出てくる。ベゴニアの花が盛りとなると、それまで恥ずかしそうにしていた子供たちが嬉しそうに飛び出してきたように見える。

属名のベゴニアは、フランス人のミシェル・ベゴン（Michel Bégon）から名付けられた。ベゴンは十七世紀にフランス領となったアンティル諸島（Antilles）に派遣された総督だった人物である。名付けたのは、フランスからアンティル諸島の調査団に参加したミニム修道会（Ordo Minimorum）修道士で、植物学者でもあったプラントハンターのシャルル・プリュミエである。

世界に広がる多くの原種から、長い間品種改良が繰り返されてきたベゴニアには、現在、一万以上の品種がある。最もよく流通している小花がたくさん咲くベゴニア・センパフローレンス（Begonia Semperflorens）は、南米原産のベゴニアが交配のもととなった。

バラのような大きな花をつけるエラチオールベゴニアは、豪華で大きな花束のようである。エラチオール（Elatior）はラテン語で「背が高い」という意味で、その名のとおりエラチオールベゴニアには存在感がある。エラチオールベゴニアの原産地も南米である。別名リーガースベゴニアは、エラチオールベゴニアの育種に貢献したドイツ人オットー・リーガー（Otto Rieger）にちなんでいる。

属名のBegoniaceaeが、シュウカイドウと日本語に訳されるように、日本にベゴニアが入ってくる前に、同属のシュウカイドウが自生していた。中国南部やマレー半島が原産のシュウカイドウは、江戸時代初期に日本に渡来して、帰化した。和名である秋海棠のとおり、秋の季語である。中国での別名である断腸花は、愛する人と引き裂かれた女性が断腸の思いで別れを決め、涙が地面に落ちて花が咲いたことから付けられた。

原産地はオーストラリアを除く亜熱帯および熱帯地方とされている。

ニアソーリー、民家の苗無人販売

ニアソーリー、民家のお菓子無人販売

PETUNIA

溢れ出る思いを込めて

ペチュニア

夏真っ盛り、ウィンダミア、ボウネス＝オン＝ウィンダミア（Bowness-on-Windermere）、アンブルサイドの街を歩いていると、あらゆるところに植えられているペチュニアに遭遇する。ベゴニアと同様、夏のハンギングバスケットには欠かすことができないのが、ペチュニアである。春から秋まで長い期間、一般家庭の窓辺から、駅、ホテル、パブ、カフェの軒先まで、色とりどりの鮮やかなペチュニアが咲き乱れる姿は、圧巻である。

ペチュニアの白い花は、十八世紀、フランス人の植物学者でプラントハンター、フィリベール・コンメルソン（Philibert Commerçon）により、ウルグアイで初めて存在が確認された。その後、十九世紀には、ブラジルから赤紫のペチュニアがヨーロッパに持ち込まれた。これら二種類のペチュニアが交配されて、品種改良が重ねられていった。ペチュニアは、ブラジルの先住民族の言語であるグアラニー語で、ペチュン（Petun、あるいはPetum）に由来し、たばこという意味である。ペチュニアと同じナス科のたばこの花に似ているからである。ここから、フランス人植物学者アントワーヌ・ローラン・ド・ジュシー（Antoine Laurent de Jussieu）が再分類する時に、新しい属名ペチュニアと付けた。このたばこという属名から、「心がやすらぐ（"your presence soothes me"）」という花言葉が生まれたとも言われている。

南米において、ペチュニアはシャーマンの儀式に使われていた。古代マヤやインカの人たちは、ペチュニアには悪霊を追い払う魔力があると信じていた。ペチュニアは想像力やインスピレーションを呼び起こすとされた。イギリスではヴィクトリア時代、ペチュニアは結婚式でよく使われた花とされているが、反対に怒りや憤慨をも象徴した。J・K・ローリング（J. K. Rowling）の『ハリー・ポッター（*Harry Potter*）』シリーズで、ハリーをいじめるペチュニア伯母さんの名前は、ここに由来するのだろうか？

南米からヨーロッパに持ち込まれて品種改良が進み、観賞植物として大衆化されていった。品種改良ではアメリカ、そして日本で画期的な改良が行われてきた。

原産地は南米である。

GARDEN GERANIUM

窓辺のささやき声

ゼラニウム

ゼラニウムの鉢植えは、『ピーターラビットのおはなし』シリーズによく描かれている。『ピーターラビットのおはなし』では、ピーターがマグレガーさんに捕まりそうになって逃げる時に、ひっくり返してしまうのがゼラニウムの植木鉢である。また、『フロプシーのこどもたち』では、ベンジャミンバニーとフロプシーのこどもたちが、マグレガーさんの野菜畑に忍び込んで捕まってしまった。その後、だまされたマグレガーさんの様子を探って、ベンジャミンバニーはゼラニウムの鉢植えが置いてある窓越しに、のぞき見するのである。また、ピーターたちよりも小さなねずみが出てくる『2ひきのわるいねずみのおはなし』では、人形の家の窓際にも、小さなゼラニウムの鉢が並んでいる。

ゼラニウムという通称は、ラテン語ではゲラニウムで、鳥の鶴を意味するギリシャ語の

『フロプシーのこどもたち』より、
ゼラニウム

『ピーターラビットのおはなし』より、
ゼラニウム

ゲラノス（geranos）に由来する。ゼラニウムの花が散り、果実ができると、それが鶴のくちばしのように突き立っているからだと言われている。また、属名のペラルゴニウム（Pelargonium）は、ギリシャ語でコウノトリを表すペラルゴス（pelargos）から来ている。

ゼラニウムは、南アフリカのイギリス領ケープ植民地からオランダに伝わり、十七世紀から十八世紀にかけて、広くヨーロッパに伝えられた。一六八七年には、オランダのライデン植物園のリストに十種類のゼラニウムが載っている。一七〇一年にはツタベテンジクアオイがイギリスとフランスに、一七一〇年にはモンデンジクアオイがイギリスに伝わり、ここから現在の園芸種が品種改良されていった。十八世紀初頭のイギリスに続き、他のヨーロッパの国々やアメリカでも品種改良が進んだ。温室のなかで育てる外来種であったゼラニウムが、野外でも育てることができるイギリスを代表する園芸種となっていった。十九世紀になると園芸種としての品種改良がさらに進み、大量に栽培されて大衆化されていった。

一八一四年に出版されたジェイン・オースティン（Jane Austen）の小説『マンスフィールド・パーク（*Mansfield Park*）』において、ヒロインのファニー・プライスが大切にしているゼラニウムが冬の間に花を咲かせて喜ぶシーンが描かれている。貴族の館でアウトサイダーである孤独なファニーにとって、屋根裏の小さな部屋は彼女の城となっていく。そして、成長を遂げていくファニーとゼラニウムの成長が重なるのである。

原産地は南アフリカである。

『2ひきのわるいねずみのおはなし』より、ゼラニウム

FUCHSIA

耳元で揺れるイヤリング

フクシア

ボウネスのカフェの前に置かれている寄せ植えにフクシアが目を引くようになると、夏の訪れを感じる。赤と紫のイヤリングがぶら下がっているように、フクシアの花は咲く。別名、「貴婦人のイヤリング（Lady's eardrops）」とか「女王のイヤリング（Queen's earrings）」からもわかるように、上品な趣がある。イギリスの夏は、フクシアの優雅な姿が街角や家の軒に見られるようになると、不思議なことに、一気に憂いがある時間になっていくのだ。

フクシアは、一七六八年から一八四〇年の長い時間をかけて、原種が確認された。最初に、カリブ海、現在のドミニカ共和国であるヒパニオラ（Hipaniola）島で見つけられ、ヨーロッパにその存在が伝えられた。シャルル・プリュミエが、十七世紀後半に採取したとされる。先住民族たちにとってフクシアは薬用植物だった。プリュミエはベゴニア、マグノリア、そしてロベリアも名付けている。彼はドイツ人植物学者のレオンハルト・フックス(Leonhart Fuchs)にちなんで、フクシアと名付けた。

その後、アメリカ人トマス・ホッグ(Thomas Hogg)がフクシアを再確認して、アメリカに種を持ち込み、それがイギリスに渡った。さらに、十九世紀にイギリスで活躍したドイツ人植物学者カール・セオドル・ハートウェッグ(Karl Theodor Hartweg)も、フクシアを採集した。フクシアは、一八八二年にはキュー・ガーデンズに送られた。フクシアは、ヨーロッパ諸国やアメリカに持ち込まれ、園芸種として品種改良されていった。

ヴィクトリア時代には、フクシアは人気の園芸植物となる。ポターもフクシアのスケッチを描いていたことからわかるように、品種改良されて大衆化されていた。『フロプシーのこどもたち』では、マクレガーさんの庭にも咲いている。庭師たちは競ってフクシアの栽培を行い、ピラミッド仕立てやスタンダード仕立てなどで育て、高さが三メートルにもなるものあった。

イギリスでは夏の間、ハンギングバスケットにされることが多い。しかし、夏の終わりから秋にかけては、生け垣に大きな株となって無数の花をつけている姿を見かける。ハンギングバスケットに使われるフクシアは、大振りで垂れ下がる鮮やかなトレイラータイプの品種である。一方、地植えで直立に一メートルほどの低木として育つのが、ブッシュタイプである。ブッシュタイプは花が小ぶりだが、秋のはじめには数えきれないほどの花数となる。

亜熱帯性気候の中南米、メキシコから西インド諸島、ニュージーランドからタヒチなどが原産地である。

ランカスター、ブッシュタイプのフクシア

『フロプシーのこどもたち』より、バラとフクシア

EDGING LOBELIA

小さな蝶たちのピクニック

ロベリア

白や紫の小さな蝶々のような花をたくさんつけるロベリアは、脇役として夏の寄せ植えやハンギングバスケットには欠かせない。大人や少し大きな年長者たちと一緒に、小さな子供たちが押し合いへし合いしているような愛らしさが、心を慰めてくれる。和名ルリチョウソウやルリチョウチョウからもわかるように、小さな青い蝶々が集まっているようなのだ。

シャルル・プリュミエは、属名のロベリアをフランドル出身の医師で植物学者であるマティアス・デ・ロベル（Matthias de l'Obel）にちなんで名付けた。十六世紀、ロベルは現在のオランダのデルフトで、オランジュ公ウィレム一世（Willem van Orange）の侍医となるが、内乱から逃れてイギリスに渡り、ジェームズ一世の侍医となった人物である。彼は国王付植物学者としても活躍した。

愛くるしい花であるロベリアには毒性があるため、花言葉には「悪意」もある。ロベリアにはロベリンというアルカロイド物質が含まれているため、有毒なのである。原産地は南アフリカである。

グレイジング＝オーヴァ＝サンズの小さなホテル、
ゼラニウム、ペチュニア、ロベリアなど

NASTURTIUM

葉っぱのお皿に添えられて

ナスタチウム

『ピーターラビットのおはなし』で、マグレガーさんから逃げ疲れたピーターがびしょぬれになって震えている横に、ピーターの背の高さほどのナスタチウムが植えられている。丸いハスの形の葉がくねくねした細い茎に支えられて、その隙間からオレンジと黄色の花がこちらを覗いているように描かれている。

ナスタチウムはペルーで採取されて、ヨーロッパに持ち込まれた。葉や花に強い辛味があることから、ナスタチウムは「鼻がねじれる」という意味のラテン語に由来する。属名はトロパエオルム（Tropaeolum）で、ギリシャ語でトロフィーという意味である。これは、ナスタチウムの葉が騎士の楯の形に似ており、花が騎士の兜に似ていることから来ている。このため、ナスタチウムは、勝利の印として紋章などに用いられてきた。

現在でも、食用ナスタチウムは、花、葉、そして種子もエディブルフラワーである。ワサビの代用ともなるし、葉や茎に火を通して食用ともなる。栄養価が高く、中南米の先住民族が食用としていた。

十六世紀の後半、スペインが南米大陸に侵略した折に、香辛料の採取もまた重要な任務であった。探検隊はペルーとチリのアンデス山脈に入り、ナスタチウムの原種を見つけた。それがヨーロッパに持ち込まれ、香辛料として広まった。イギリスでは、インディアンクレス（Indian cress）と呼ばれた。クレスとは辛味があるオランダガラシあるいは、クレソンのことである。現在、食用として栽培されているナスタチウムは、花がサラダや料理の飾りとして添えられる。

『ピーターラビットのおはなし』より、ナスタチウム

その後、花が美しいために園芸用として品種改良されることになる。

日本には江戸時代に輸入された。黄色い花と小さなハスのような葉をつけることから、金蓮花という和名が付けられた。

メキシコから南米に分布する。

LAVENDER

香りのメッセンジャー ラヴェンダー

『ベンジャミンバニーのおはなし』には、生活の糧としてのラヴェンダーが描かれている。夫を亡くしたピーターの母親は、編物やローズマリー・ティーなどを売って生計を立てている。そのなかに、「うさぎのたばこ」と、うさぎたちがよぶラヴェンダーがあるのだ。ハーブとしても鑑賞用植物としても、ラヴェンダーは長く愛されてきた。古代から香料に使われたとされ、ヨーロッパでは長い時間をかけて品種改良も進んできた。

属名ラヴェンダーは、古フランス語のlavendreを語源としているとされる。ラテン語でラヴァーレ（lavare）は洗うという意味で、古代ローマではラヴェンダーが香料として沐浴に使われたという説が知られている。また、ラテン語で、青みがかっているという意味の語リヴィダス（lividus）から来ているという説もある。

ラヴェンダーは古代エジプト、ギリシャ、ローマでも、ハーブとして使われてきた。特に、薬や香料の原料として重宝された。民間療法において、ラヴェンダーの精油は、不眠から鎮痛、防虫や殺菌にいたるまで使われていた。また、調味料として料理に使われたり、ジャムや菓子にしたりして食べられていた。さらに、香水やオーデコロン、石鹸などに用いられてきた。

イギリスには、古代ローマ人がブリテン島を征服した時に伝えられたとされている。その後、十七世紀にフランスで弾圧されたプロテスタントのユグノー派（Huguenot）の人々がイギリスに亡命した時に、ラヴェンダーの愛好趣味も持ち込んだ。経済的に自立する必要があったユグノー派の人々は、ラヴェンダー栽培、庭園の造園、醸造や染色などの産業を興した。ロンドンのテムズ川南岸のバタシー（Battersea）は、産業革命以前、ロンドンに食料を供給する農業地帯だった。その名残りとしてバタシーにはラヴェンダー・ヒルという名前の通りがあり、十九世紀には労働者用の住居が多く建てられて、賑やかな通りとなった。バタシーでユグノー派の人々が広大なラヴェンダー畑を造った結果、フランスのプロヴァンス地方と同様、ロンドンはラヴェンダーの産地となった。そして、ラヴェンダーはハーブとしてイギリス社会に広まった。現在でもロンドン近郊にラヴェンダー畑が残っている。

現在ではフレンチラヴェンダーとイングリッシュラヴェンダーの二品種が代表的なラヴェンダーである。イングリッシュラヴェンダーと呼ばれている品種はイギリス原産という意味ではない。イングリッシュラヴェンダーは地中海原産のコモンラヴェンダーのことで、香りが強い。

ラヴェンダーはヨーロッパ地中海沿岸、インド、カナリア諸島、北アフリカから中東にかけて分布する。

『ベンジャミン バニーのおはなし』より、
ラヴェンダー

IRIS

虹色のキャンドルが放つ光

アイリス

イギリスの庭園に植えられているアイリスには品位を感じる。それが、レイトン・ホールの池のほとりであれ、ボウネスのＢ＆Ｂのフロントガーデンであれ、紫のすっとした立ち姿が人目を引くのである。そして透け感がある花弁は、まるで守ってきた秘密を半分教えてくれるかのように、ひっそりと開く。

属名のアイリスは、ギリシャ神話に出てくる虹の女神イーリス（Iris）に由来する。虹のよう多様な色彩を持つことから、この名が付いたとされている。ギリシャ神話では、イーリスは、全能の神ゼウスの妻である女神ヘラの美しい侍女として登場する。ゼウスからの誘惑を拒んだイーリスは、ヘラにゼウスから逃れたいと嘆願した。イーリスの忠誠心を認めたヘラは、イーリスに虹の七色のネックレスを与え、神酒を三滴たらして虹の女神に変

身させ、神々の使者となる役割を与えた。ヘラがイーリスに神酒の盃を捧げた時に、数滴がこぼれ落ちた。そこに、アイリスの花が咲いたと伝えられている。

古代ギリシャでは、死者の魂は虹の橋を渡って天国に着くとされたため、アイリスは死者を弔う花でもあった。また、古代ギリシャおよびローマ時代には、薬草として用いられていた。

アイリスは、古代から、高貴な花として装飾のデザインにも取り入れられてきた。古代エジプトでは、スフィンクスの額のデザインに使われていた。また、ヨーロッパに広く自生するアイリスのなかで、キショウブ（Yellow Iris）はフランス王家の紋章となった。イギリスでもキショウブが自生しており、根からインクが作られたと言われている。

イギリスには十六世紀中葉に、外国原産のアイリスが持ち込まれるようになった。ヨーロッパで栽培された最も古いジャーマンアイリスは、青紫の大きな花弁に黄色い筋が入っていて美しい。九世紀に僧院で栽培されていたジャーマンアイリスは、十九世紀にはフランスとイギリスにおいて人気となり、多くの園芸家が競って品種改良をして、多種多様な色合いや形状のアイリスを作り出した。また、スペイン、イエメンやアルジェリアなどからも、アイリスがイギリスに持ち込まれた。

そして、イングリッシュアイリスと呼ばれる青紫色のアイリスが誕生する。これはピレネー山脈に自生するアイリスで、スペインから商船でブリストルに持ち込まれて、十六世紀には野生化していたとされる。イギリスの環境に適応して育っていったために、イングリッシュアイリスと命名され、そこから品種改良がされた。

広くヨーロッパと東アジアに分布する。

『こねこのトムのおはなし』より、アイリスなど

CLEMATIS

手のひらいっぱいの喜び

クレマチス

夏の初めに咲き始めるクレマチスが塀の壁いっぱいになると、その塀に沿って歩く人の気持ちも前向きになる。薄いピンクや白い花々は、壁から零《こぼ》れ落ちそうになるくらい咲き誇る。湖水地方の夏、民家の塀にクレマチスがいっぱいに揃って咲いている姿を見て回ることは、楽しみの一つである。

ポターがヒルトップ農場で育てた花のいくつかは、ヒルトップに移ってから創作した作品に描かれている。その一つが、イギリスで園芸種として人気があったクレマチスである。『こねこのトムのおはなし』と『パイがふたつあったおはなし』において、壁に這って咲いている紫のクレマチスが、庭に豪華さを添えている。特に、『パイがふたつあったおはなし』では、猫のリビーと犬のダッチェスは競い合うかのようにすばらしい庭を持っている。

お茶に呼ばれたダッチェスが花束を持って来た時、リビーの家の玄関には見事な紫のクレマチスが絡まっているのだ（34頁参照）。

属名のクレマチスは、ギリシャ神話のクレマ（klema）に由来しており、小枝とか蔓《つる》状の若枝という意味である。イギリスでは、クレマチスの多くが蔓《つる》状に伸びるため、バラのマッチング植物として、アーチ型に植えられている姿もよく見かける。

イギリス原産のクレマチス属は花弁状の四片の萼《がく》を持ち、薄紫色で香りがよい。耐寒性に優れており、繁殖力もある。種名は白ブドウという意味のヴィタルバ（vitalba）である。英語では、十六世紀に植物学者ジョン・ジェラード（John Gerard）により、旅人の目を楽しませることから「トラヴェラーズ・ジョイ（traveller's joy）」と名付けられた。また、とても好きでたまらない花という意味の「パッション・フラワー（passion flower）」とも、呼ばれている。多くの人に愛された花であることがわかる。ポターが描いたのは四片の萼《がく》を持つクレマチスであることから、このトラヴェラーズ・ジョイではないかと思われる。

ヨーロッパではクレマチスの蔓《つる》は繁殖力が旺盛であったために、植え込みや木工にも用いられた。クレマチスの幹は柔軟性があり強いために、薪を束ねるために用いられた。また、森に入りクレマチスを見つけると、誰でもその幹を短く切り取り、その先端を燻《いぶ》してタバコとして吸うことができた。そのため、「燻《いぶ》した杖（smoking cane）」、「ジプシーのタバコ（gypsies' bacca）」、「羊飼いの喜び（shepherd's delight）」などとも呼ばれた。

クレマチスの種名ヒブリダ（hybrida）は、「雑種の」という意味である。クレマチスの品種改良は、イギリスだけでなくヨーロッパで広く行われてきた。その結果、花弁状の萼《がく》が四片、六片、そして八片と様々な形状のものが誕生し、さらに花の色も原種である白や薄紫から濃い紫や紅色、ピンクなども誕生した。

十六世紀にはヨーロッパ他国から、また十八世紀にはアメリカから、十九世紀にはアジアからも各々の原産のクレマチスが、イギリスに持ち込まれて、園芸種の品種改良が進み、クレマチスの最盛期を迎えることになる。

特に、アジア原産のクレマチスは品種改良に重要な役割を果たした。アジアにおける園芸種クレマチスは、テッセン（鉄線）系とカザグルマ（風車）系、およびその雑種からなる。このなかで、テッセンとカザグルマが重要な二種となった。テッセンの原種は白で、カザグルマの原種は薄紫である。中国原産のテッセンは、十七世紀に日本に渡ってきて帰化した。テッセンは大きく見事な花をつける。花に見える花弁状の萼《がく》はふつう六片である。そのことから、種名は「花が目立つ」という意味のフロリダ（florida）である。テッセンと

『こねこのトムのおはなし』より、
クレマチス

いう名前は、蔓《つる》が鉄線のように頑強であることから来ている。カザグルマも中国原産であり、また日本にも自生してきた。花は鉄線よりも大きいが、八片ある花弁状の萼《がく》が開くことから開き出るという意味のパテンス（patens）が種名である。

中国原産のテッセンが日本で園芸種として栽培されていることは、ヨーロッパに十八世紀に紹介された。また、シーボルトが日本で見つけた園芸種は、一八三七年にヨーロッパに紹介された。それ以外に、中国で確認された種もヨーロッパに伝えられた。

クレマチス属の植物は、世界中の温帯地域、特に北半球に分布している。

JAPANESE HYDRANGEA

色と水の魔術師

アジサイ

イギリスで湖水地方ほどアジサイが似合う土地はない。背後に広がる渓谷や牧場、そして湖と雨がもたらす豊かな水に恵まれた環境は、アジサイにとって理想的な空間なのである。アジサイは、広い屋敷の庭の斜面や大きな門の入り口から、小さなコテージの窓の外、家と家の隙間にも植えられている。何よりも、こんもりした花の萼《がく》の房が咲き誇ると、日陰や木の根元が明るくなる。そして、初夏の鮮やかなブルーやピンクから、晩秋にかけて様々な色のグラデーションへの変化を披露してくれるのである。

属名ハイドランジアは、ギリシャ語で水を意味するハイドロ（hydro）と小さな器を意味するアンギア（angea）から成る。水を入れる器というのは、ハイドランジアが水を好むことから来るという説と、最初にアメリカ原産のアジサイが発見された時にその果皮がコッ

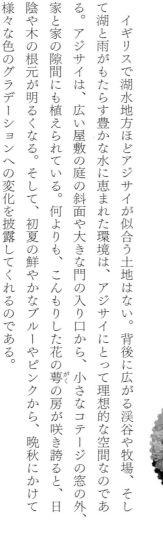

プの形に似ていたためという説がある。

十八世紀に、ヨーロッパ人たちはアメリカとアジアでアジサイを採取した。それらはイギリスにも持ち込まれたが、最終的にアジア原産のアジサイの栽培が盛んとなり、品種改良が行われていった。特に、日本原産のアジサイが十八世紀にヨーロッパに渡り、品種改良により、多種多様なアジサイが誕生した。

ヨーロッパには、十八世紀にドイツ出身の植物学者エンゲルベルト・ケンペル（Engelbert Kampfer）がアジサイを紹介し、そしてカール・ペーテル・ツンベルクが、日本からアジサイの標本を持ち帰った。また、中国から持ち帰られたものもあった。しかし、アジサイの花房には結実する能力がなかったために、学名が定められず、様々な名前が付けられてしまった。ガクアジサイは、その形状からレースキャップ（lacecaps）とも呼ばれた。

シーボルトが日本からオランダに持ち帰った植物のなかにも、アジサイがあった。日本原産のアジサイには、その形状から生息地や生態に応じて、一般に、ガクアジサイ、その園芸品種でテマリのように咲くホンアジサイ、そしてヤマアジサイなどがある。

アメリカや日本では戸外で育てられ背が高く育つものもあったアジサイは、イギリスでは十九世紀中葉までに室内用の園芸種とみなされていた。十九世紀末から二十世紀初頭にかけては、苗木商会からアマチュア園芸家までが、アジサイの品種改良に携わった。現在では酸性の土壌では青い花を付けることがわかっている。その花の色が変わるアジサイの性質に関しての実験も行われて、その成果が一八一八年にロンドン園芸協会で発表された。

一般にハイドランジアと呼ばれる西洋アジサイの種類が多彩となり、日本にも輸入され人気がある。今では、世界中で二千種以上の園芸種があるとされている。

アジサイはアメリカとアジアが原産である。

PLAINTAIN LILY

黄緑のクッションにもたれて

ギボウシ

ギボウシは、半日蔭でも育つ多年生植物で、緑の葉と涼やかな花の美しさから、シェードガーデンで重宝される。楕円形に大きく育つ葉は、緑の色と葉脈が美しく、クリーム色の斑入りのものも気品がある。その葉がこんもりと茂ったところから細長い茎が出てきて、その先に薄紫や白の小さな花を鈴なりに咲かせる。日陰でも明るさを醸し出し、ガーデンのなかでの薄緑のポイントとなる。

属名のホスタ（Hosta）は、クロアチア出身の植物学者N・トマス・ホスト（N. Thomas Host）とJ・ホスト（J. Host）に由来する。トマス・ホストはローマ帝王の主治医でありながら、オーストリアのベルヴェデーレ宮殿植物園の責任者となった。名付けたのはオーストリアの植物学者レオポルト・トラッティニック（Leopold Trattinnick）である。

ギボウシは園芸用として栽培されてきたが、食用としても採取されてきた。ギボウシは江戸時代に日本ですでに園芸種として栽培されていた。それをシーボルトがヨーロッパに持ち込んだ結果、ヨーロッパやアメリカでも品種改良が盛んに行われた。原産地は、東アジアで、日本にも自生してきた。

ALLIUM

庭で踊るボールたち

アリウム

長い茎の先に大きなボールのような濃いピンク色や薄紫色の花をつけるアリウムは、ガーデンに存在感をもたらす。背の高さとマッスの大きさに圧倒されるが、それがアクセントとなり、庭に独特な雰囲気が醸し出される。暑い夏に、力強さをもたらし、元気をくれる花である。今では人気のアリウムであるが、園芸種としてよりも、薬用としてのエピソードがある。

属名のアリウムは、ラテン語の「匂い（alere）」から名付けられたとされている。英語名は「黄金のニンニク（Golden Garlic）」である。さらに、和名の花葱からもわかるように、アリウムはネギ亜科であるため、茎を切るとネギの匂いがする。観賞用に品種改良されたアリウムは、小さな花が無数に集まり大きな球体を作り上げる。

昔から知られている小株のアリウム・モリーは、黄色い花を咲かせる種である。種の名前がモリー（moly）であるため、数種の通名にモリーが付くものが多い。例えば、「ホメロスの大モリー（The Great Moly of Homer)」、「ヘビのモリー（Serpent's Moly)」、「しおれているモリー（Withering Moly)」などである。

このモリー（あるいはモリュ）とは、ギリシャ神話に出てくる薬草のことである。ホメロスの『オデッセイヤ（*Odyssey*)』において、トロイア戦争の英雄オデュッセウスが帰郷する旅の途中でアイアイエー島に上陸するが、その島の魔女キルケー（Circe）がオデュッセウスの兵士たちに毒を飲ませて豚に変えてしまう。しかし、オデュッセウスはヘルメスからモリーという魔法の薬草をもらい、キルケーの魔法を解いたという。ただし、実際、この当時のモリーがアリウムを指していたかどうかは不確かであるそうだ。

ヨーロッパ原産のアリウムは十七世紀にイギリスに伝えられていた。アリウムは観賞用だけではなく食用としても栽培された。ニンニクに似ていたためである。しかし、観賞用としてのアリウムは評価されなくなっていった歴史もある。

原産地は北米、ユーラシア大陸および北アフリカである。

AZALEA

雨上がりに灯った小さな炎

アザレア

湖水地方の公園地帯にはアザレアが植樹されて、春から初夏にかけて咲き誇る。日本のツツジに近いものもあるが、ランカスターに十九世紀に造られた市民の憩いの場であるウィリアムソン・パーク（Williamson Park）で遭遇したアザレアは、ラヴェンダー色で、その明るさは際立っていた。

アザレアという名前は、ギリシャ語で「乾燥した」という意味の語から来ている。シャクナゲと区別するためにリンネが付けた名前である。シャクナゲが常緑であるのに対して、アザレアは落葉性である。

北米に自生するアザレアは、十七世紀にヨーロッパからの入植者によって確認され、紹介された。十八世紀には、北米のアザレアを「炎のアザレア（Fiery Azalea）」と呼んで、黄色やオレンジ色の明るさと美しさを記している者もいる。十八世紀から十九世紀にかけて、ヨーロッパ各国のプラントハンターたちが採取したアザレアの標本や種子が、イギリスに送られた。

そのなかで、ベルギーのゲント（Gent、オランダ語読みではヘント）で交配が行われ、それが一大産業へと発展した。ヘントアザレアと呼ばれたこの品種の多くは、一八五〇年までに五百種類が栽培されて、商品化に成功した。イギリスにはこれらの品種が輸入されて、イギリスにおける品種改良に大きな役割を果たした。

イギリスにおける品種改良では、さらに三種が持ち込まれることで、交配が進んだ。そのうちの二種はアジア――日本と中国――に自生する種で、もう一種はアメリカに自生する種だった。

日本に自生するツツジは、十九世紀から二十世紀にかけて、ヨーロッパに持ち帰られて品種改良された。日本に自生するツツジは江戸時代から品種改良されて、園芸種として栽培されていた。それらの園芸種が江戸時代以降、ヨーロッパに持ち込まれた。一八二五年と一八四五年にイギリスに紹介されたが、野外で育たなかった。一方で、シーボルトが一八三〇年に耐寒性があるツツジをオランダに持ち帰った。そのレンゲツツジは、属名をヤポニクム（japonicum）と付けられた。また、一九一八年に、ツツジの産地である久留米からアメリカに紹介された種は、クルメアザレアと呼ばれた。

さらに、ベルギーのプラントハンターが、台湾のタイワンツツジをベルギーに持ち込み、日本から持ち込まれた園芸品種と交配させた。

このように交配が重ねられた結果、ヨーロッパで西洋ツツジ、すなわちアザレアが誕生して、日本に逆輸入されることになる。シクラメンの鉢が出回る秋には、室内用のアザレアの鉢も花屋に並ぶ。

原種とも言えるヤマツツジは、中国大陸、台湾、日本、ヴェトナム、フィリピンなどアジアに分布している。

LABURNUM

天から降り注いだ金の鎖

ラバーナム

ランカスター大聖堂（Lancaster Cathedral）の前を通り過ぎると、大きな木の上から黄色の大きな房の花が垂れ下がっている姿に出会った。和名のキフジが表すように、黄色いフジのような花である。春の花が咲き誇った後、五月頃から一斉に咲き始める。別名「金の雨（Golden rain）」、「金の鎖（Golden chain）」が表すように、明るい黄色の長い房が天から降り注いでいるかのようである。五月から六月頃になって一斉にラバーナムが咲き始めると、通りのあちらこちらに金色のベールがかかったように見える。

コモンラバーナムは一五六〇年にイギリスにもたらされた。領地や公園、庭園などに植えられてきた。成長すると五メートルから七メートル近くまでの大木になる。

ラバーナムの木は堅いため、昔は弓を作るために用いられていた。また、美しい木材であるため、家具製作や装飾の細工部分に用いられた。特にスコットランドでは最も優れた木材だった時期があり、伝統楽器バグパイプの部品にも使われている。ナイフやスプーンなどの柄や、コースターにも使われる。

美しい花を持つラバーナムは毒性があり、特にマメ科の種は有毒であることが知られている。

原産地は中央および南ヨーロッパである。

JAPANESE WISTERIA

紫のドレスに包まれて

フジ

イギリスではフジはピーク時の春から夏の終わりまで、長い期間咲き続けるものもある。日本のように棚を作って育てるというより、家の壁に這わすように育てることが多い。民家の白い壁に薄紫のフジが咲くと、初夏のドレスをまとった女性が現れたように見える。

十八世紀に、アメリカ大陸と中国でフジが確認される。しかし、アメリカ原産のフジよりも中国原産のフジがヨーロッパにおいて人気が出て、品種改良が進んだ。

十九世紀になるとイギリスのロンドンにも、日本原産のフジが持ち込まれた。日本原産のフジは棚を作って栽培しなければならないが、中国原産のフジはまっすぐに育てることができる。日本における見事なフジ棚を作り上げるフジに関しては、シーボルトが一八三〇年に紹介している。しかし、日本原産のフジは壁に這わせたり、立ち木にしたりしてまっすぐに育てることはできない。中国原産のフジが自生しているところは、一八三四年から一八三六年にかけて植物学者のロバート・フォーチュンが第一回目の探検中に見つけたとされている。

しかし、フォーチュンが中国で自生していることを発見する前に、十九世紀初頭に中国を訪れていたイギリス人やアメリカ人たちは、広東地方の民家に植えられているフジを見ていた。

この園芸種のフジは一八一六年にイギリスに持ち込まれていた。ロンドン園芸協会やキュー・ガーデンズにも移植された。そして、一八一九年には屋外で育てられることが証明され、一八三八年には大木にまで成長した。

属名のウィステリア（Wisteria）は、アメリカ出身の解剖学者であるカスパー・ウィスター（Caspar Wistar）に由来する。ウィスターはペンシルベニア大学の教授で、博愛主義者として知られていた。それまでフジはグリキネ（Glycine）に分類されていたが、一八一八年にイギリスの植物学者トマス・ナットール（Thomas Nuttall）が新しい属名を付けた。

原産地は、中国大陸、日本、朝鮮半島、ヴェトナムから北米およびイランなどである。

GOOSEBERRY

揺れる赤いビーズの房

セイヨウスグリ

『ピーターラビットのおはなし』において、マグレガーさんの畑に忍び込んだピーターは、セイヨウスグリの木に掛けてある網に飛び込んでしまった。ボタンが網に引っかかってしまったのだ。スズメたちに応援されて、ピーターはなんとか網から脱出するが、そこに描かれているセイヨウスグリの熟した赤い実がかわいらしい。一般に、セイヨウスグリの実は初夏の味とされているが、ピーター以外の子ウサギたちは、森に自生しているブラックベリーの実を食べていることからも、季節は初夏から夏であることがわかる。セイヨウスグリは、北イングランドではグースベリーと呼ばれ、生垣などによく植えられている。

属名リベス（Ribs）は、オランダ語で赤い実を表す語から、アラビア語では酸味を意味する語から来ているなどの説がある。一般にスグリがヨハネベリー（St. John's berry）と呼ばれるように、六月二十四日の聖ヨハネ祭の頃に実が熟すと言われている。英語のグースベリーという名前は、セイヨウスグリの実で、ガチョウ、アヒル、鶏の肉を食べる時のソースを作ることから来ている。

セイヨウスグリは広くヨーロッパで自家栽培されてきた。イギリスでは十六世紀には栽培されており、十九世紀には人気となっていた。

特に、ランカシャーで繊維産業に携わる労働者たちにとって、コテージガーデンには欠かせない園芸種となった。ランカシャー出身で、しかも湖水地方に住むことになったポターには身近な植物だったと思われる。

セイヨウスグリには鋭い棘が付いており、見た目も美しい透明感がある赤い実をしっかりと守っている。五月頃からは小さな白っぽい花が咲く。それが、透明感がある緑の実になり、次第に赤く色付いてくるのである。

セイヨウスグリの実は食用として重宝されてきた。ビタミンCやクエン酸が含まれていることから、風邪予防や疲労回復の効果があるとされ、山間部に住む人々にとっては栄養源であった。しかし生では酸味があるため、ジャムにしたり、パイやタルトに入れたりすることが多い。

原産地はヨーロッパ、アジアおよび北米などである。特に北半球のアルプスやヒマラヤなどの寒冷地域で自生する。

『ピーターラビットのおはなし』より、
セイヨウスグリ

III
秋のそよ風に揺れて

湖水地方の秋は、湖面の波が穏やかになり、雨の雫でのみ湖面が揺れる時間が訪れる。

夕日が早く沈むようになり秋の訪れを感じるようになると、穏やかな風の一吹きで、木や草の葉が黄金色に変わっていく。そして、雨の雫で濡れた葉の間から、薄紫や黄色、白やピンクの小さな花々が見え隠れする。秋の風がさらに吹くと、枯れた草や木々の葉がカサカサと音を立てる。

渓谷の奥には赤や黄色のパッチワークの模様ができて、そこから冷たい風が民家や公園に吹いてくる。

濡れた落ち葉の上を歩いて、秋のそよ風に揺れてみよう。

ASTER

星たちの静かな願い
アスター

夏の花が終わった秋の庭には、小さな薄紫のアスターが適していると、二十世紀の女性園芸家マージェリー・フィッシュ（Margery Fish）が述べている。現在ではピンクや紫など鮮やかな色の豪華なアスターが園芸種としても切り花としても流通している。また、秋になると、花屋には色鮮やかなキク（Chrisanthemum）の鉢植えが所狭しと並ぶ。しかし、イギリスの秋の庭には、シンプルな薄紫のアスターの小花がよく似合う。

フィッシュが秋のガーデンフラワーとして愛したアスターは、日本では野菊のようなもので野生に近いため、長い間ガーデンには向かないとして評価されなかった。

学名アスターは、古代ギリシャ語で星という意味の語から来ている。「星形の花（Starworts）」という別名もある。アスターの花の細い花びらが広がっている様子が星のよ

うだというところから名付けられた。

北米原産の宿根アスターは、英語で、「ミカエルマスデイジー（Michaelmas Daisy）」と呼ばれる。キリスト教の祭祀ミカエルマスの日である九月二十九日頃に多く花が咲くことから、この名前が付いた。十七世紀に北米ヴァージニアからイギリスに伝えられた。栽培が容易だったにもかかわらず、長い間観賞用としては評価されなかった。しかし、十九世紀後半から二十世紀にかけて、アスターの評価が高くなった。フィッシュ以前に、自然な庭園を目指したウィリアム・ロビンソンが、ナデシコと同様にアスターを好んだためである。ウィリアム・モリス（William Morris）のデザインにも、「ミカエルマスデイジー」と名付けられたファブリックがある。

また、学名のアスター・トラデスカントは、英国王チャールズ一世の庭師だったジョン・トラデスカント（John Tradescant）にちなんで付けられた。

このミカエルマスデイジーは、明治時代に日本に持ち込まれ帰化して、日本中で広く野生化した。ユウゼンギクという和名があるが、アメリカから渡来したのでメリケンコギクとも呼ばれた。名前の通り友禅染のように美しく、花びらが二十枚以上あり華やかなため、現在は園芸用として品種改良もされている。

ユーラシア大陸に広く自生している。北米原産の宿根アスターは、ヨーロッパ、オーストラリア、そして日本などにも持ち込まれて帰化した。

フクシアとアスターのハンギングバスケット

COMMON COSMOS

宇宙からの使者
コスモス

アンブルサイド郊外のライダル・ホール（Rydal Hall）を訪れた時、白いコスモスが寄せ植えの鉢に植えられている姿にすがすがしさを感じた。ジョージアン様式の屋敷に、アーツ・アンド・クラフツ様式のフォーマルガーデンが造られ、そのテラスに寄せ植えの鉢が設置されていた。また、民家のフロントガーデンに植えられたピンクのコスモスは、道を通る人々の心も癒してくれる。

メキシコで採取されたコスモスは、一七八九年にスペインのマドリード王立植物園に送られ、聖職者で植物学者アントニオ・ホセ・カヴァニレス・イ・パロップ（Antonio José Cavanilles y Palop）により、コスモスと名付けられた。バランスよく花びらが並んでいる様子から、ギリシャ語で宇宙、あるいは秩序を意味するコスモス（kosmos）にちなんで付けられた名前である。日本には一八七九年にイタリアから持ち込まれ、観賞用に栽培されるようになり、帰化した。

イギリスでは、初夏から秋にかけて長い間花を咲かせ、寄せ植えや花壇に植えられる。栽培が簡単な上、花も六月頃から十月頃まで咲き続ける。

現在最も人気があり広く普及している品種は、一九三〇年代にアメリカで品種改良されたものである。その後、ピンクや白だけでなく、オレンジ、黄色、チョコレート色など、様々な色のコスモスが新しい品種として紹介されてきた。

原産地はアメリカ大陸の熱帯地帯、特にメキシコである。

JAPANESE ANEMONE

秋風に向かって、Shall we dance?
シュウメイギク

夏から秋にかけて、イギリスのガーデンや公園地域にはシュウメイギクが咲き誇る。背が高くなるシュウメイギクは、イギリスの秋のボーダーガーデンには欠かせない。すっと伸びた茎の先に白や薄いピンクのやさしい花が開き、秋風に揺れる姿には、遠くから見ても心が動かされる。

シュウメイギクは中国原産であるが、日本に帰化して園芸種が育てられていたため、ヨーロッパには日本の植物として紹介されてしまった。最初にシュウメイギクに関して書き残したのは、十七世紀、オランダ東インド会社から長崎に派遣されていたドイツ人だった。

シュウメイギクは、イギリスには十九世紀に持ち込まれた。一八四三年に植物学者のロバート・フォーチュンが、中国の上海で発見したシュウメイギクを本国イギリスに送ったことが、最初とされる。フォーチュンは、上海の墓地で十一月頃に咲き誇るシュウメイギクを見たと、記録している。フォーチュンはその種を、一八四四年にロンドン園芸協会に送った。

このフォーチュンがイギリスに持ち込んだ種と、イタリアから持ち込まれたネパール原産のヒマラヤシュウメイギク（Anemone vitifolia）が掛け合わされて、交配種エレガンスが誕生し、園芸種として栽培されるようになった。

シュウメイギクは、修行僧が中国から持ち帰り、寺院に植えられたことがきっかけとなり、観賞用に育てられてきた。また、日本各地で野生化してきた。和名の漢字——秋明菊——が表すように秋に咲く花であり、京都洛北の貴船で多く自生したことから貴船菊とも呼ばれて、秋の茶花として重宝される。しかし、実際はキク科ではなく、アネモネ属と同じキンポウゲ科であるため、英名ではジャパニーズ・アネモネとなっている。

原産地は中国大陸と台湾とその周辺の島である。

YELLOW CONEFLOWER

黄色いコスチュームでイナバウワー
イエローコーンフラワー

コーンフラワーのなかでは、イエローコーンフラワーは黄色い花片が真ん中の茶色の丸いイガのような萼《がく》から、下に反り返って咲く不思議な形状をしている。黄色いクラゲが、秋風に揺られてさ迷っているようである。反り返っている様子がかわいらしくて、ついその前に座り込みたくなってしまう。夏の終わりに咲き誇るイエローコーンフラワーは、秋への扉を開けてくれる。

属名ルドベキア（Rudbeckia）は、リンネが植物学者のルドベック（Rudbeck）親子から名付けた。十七世紀、ルドベック親子はスウェーデンのウプサラ大学で教授職に就いていた科学者である。父親のオラウスは医学を専門としただけでなく、ウプサラ大学にスウェーデンで初めての植物園（現在のリンネ植物園）を創設した。また、息子のオロフも父親と同様に医学と植物学を専門とした。教え子のリンネに彼らは大きな影響を与えたのだ。

コーンフラワーは、十七世紀、カナダのフランス植民地で採取されてフランスに持ち込まれた。それ以外の多くの種も北米原産で、ヨーロッパに紹介されている。そのなかで、エキナセア・プルプレアは十七世紀にはイギリスに持ち込まれたとされている。

エキナセア（Echinacea）という名前は、古代ギリシャ語でハリネズミやウニを意味する語から来ている。これは真ん中の丸い茶色の萼から付けられた。また、種名のパラドクサ（Paradoxa）は、ラテン語で逆さあるいは逆説という意味で、逆さに反り返る花の形状を表している。日本には明治時代に紹介され、帰化もしている。そして、付けられた和名オオハンゴンソウ（大反魂草）にも、その形状が表されている。

民間療法では、アメリカ先住民族が薬草として用いていた。特にヘビに咬まれた時の治療に使われたとされる。そこからハーブとしても重宝されている。

原産地は北米である。

ECHINOPS

庭を跳ね回る子供たち
エキノプス

薄紫の小さなボールのような花がシルバーの茎から伸びている姿は、夏から秋にかけてのコテージガーデンに涼しさとたくましさをもたらす。特にナチュラルガーデンには人気がある。また、背が高く直立して育つのでボーダーガーデンによく植えられている。

英名である「スモール・グローブ・シースル（Small Globe Thistle）」は、アザミのような小さなギザギザがある葉から伸びた長い茎の先に小さな花がかたまって丸い球体となる姿から、名付けられた。

属名のエキノプスは、ギリシャ語でハリネズミ（echinos）に「似ている（ops）」という意味の語から成る。花の姿が、ハリネズミが棘を出して丸まっているように見えることに由来する。

ユニークな形状から切り花やドライフラワーとしても人気がある。

日本には昭和の初めに紹介され、英名をそのまま和名としたルリタマアザミ（瑠璃玉薊）として品種改良がされた。

ヨーロッパ地中海沿岸から西アジアにかけて広く分布している。


アンブルサイド近郊、民家のはちみつ無人販売

ERICA

荒れ地から噴き出した恵み

エリカ

秋の初めにウィンダミア近くのホールハード・ガーデンズ（Holehird Gardens）を訪れた時、ロックガーデンに様々な色のエリカの群生がパッチワークのように植えられている様子が、暖かい絨毯を敷き詰めたように見えた。エリカのかわいいベルの形の小さな花々は、乾燥した岩肌や土を慰めるように咲くのである。

属名エリカはラテン語で箒《ほうき》を意味するエリック（eric）に由来する。昔はエリカを箒《ほうき》の取っ手に使ったという説による。また、ギリシャ語で割るという意味のereikoから来ているという説もある。

イギリスでは荒れ地に自生するエリカ属の野生種はヘザー（Heather）と呼ばれている。イギリスにはヘザーしか育たない荒れ野（moorあるいはmoorland）が各地に点在する。イギリス北部やアイルランドでは、ヘザーの群生が茂る荒れ地をヒースとも呼ぶ。

しかし、園芸種のエリカは、ダーレンシス（Darleyesis）が正式名で、ヨーロッパ原産のエリカ・カルネア（Erica carnea）種とエリカ・エリゲナ（Erica erigena）種から生まれた交雑種である。エリカ・カルネア種は、中央および南ヨーロッパの山間地で自生しており、英語ではオーストリア・ヒースと呼ばれるエリカである。このエリカは十八世紀にイギリスに紹介された。別名としてウィンターヒースやスプリングヒースがある。また、エリカ・エリゲナ種は西アイルランドやスペインなどの南西ヨーロッパに自生するエリカである。これらが交配されたエリカ・ダーレンシスが基本種となり、品種改良が行われてきた。

これらのヨーロッパ原産のエリカとともに、南アフリカ原産のエリカもイギリスに持ち込まれ、十八世紀には園芸種としてのエリカが流行した。特に、人々は、低木で広がるエリカを非整形庭園に植えたり、エリカだけの庭園を造ったりした。

ヨーロッパやアフリカなどに自生している。

ホールハード・ガーデンのエリカ

LILY

背伸びをして何を見ているの？

ユリ

ポターの『パイがふたつあったおはなし』のなかで、イヌのダッチェスの家の春の庭には、背が高いマルタゴンリリー（あるいはタイガーリリー）が、たくさんの反り返った花を咲かせている。夏の終わり、ワーズワースが一時住んだグラスミア（Grasmere）のアラン・バンク（Allan Bank）の庭に、少し反り返ったピンク色のカノコユリが咲いていた。そこはナショナル・トラストにより管理されており、ガーデナーがコテージガーデンに合う花の世話をしていた。秋、ホールハード・ガーデンを訪れると、丘陵地に広がる庭園には白いユリが咲いていた。秋風に揺れているユリは、夏との別れを惜しんでいるように見えた。

属名のリリウム（Lilium）はラテン語で、白い色を表すリ（li）と花を表すリウム（lium）

から成る。この名からもわかるように、白いユリが最も代表的なユリなのである。ローマ時代には地中海沿岸が原産のマドンナ・リリー（Madonna lily）という白いユリが栽培されてきた。

ギリシャ神話では、ゼウスの妻で結婚、母性、貞節を司る女神ヘラ（Hera）からこぼれた母乳が天の川になり、地上に落ちた水滴からユリの花が咲いたとされている。旧約聖書では、アダムの妻イヴが禁断の果実を食べたためにエデンの園から追放された時に、イヴの涙が地面に滴り落ちて咲いたのがユリだと言われている。また、キリスト教で聖母マリアがキリストを身ごもったとされる時を描いた『受胎告知（*Annunciation*）』には白いユリが描かれていることから、白いユリは聖母マリアの花とされる。

ヨーロッパでは、十九世紀に日本や中国などから新たなユリの種が持ち込まれて、品種改良がされてきた。沖縄や台湾が原産であるテッポウユリについては、カール・ペーテル・ツンベルクが書き残している。そして、シーボルトがヨーロッパに持ち帰った植物のなかに、テッポウユリがあった。それが、マドンナ・リリーと代わって、復活祭の時に教会の祭壇に飾るイースター・リリー（Easter lily）として流行したことにより、テッポウユリの需要が高まった。テッポウユリの栽培に適している英領のバミューダ（Bermuda）諸島で、

ニアソーリー、ヒル・トップのタイガー・リリー

球根栽培がされるようになった。また、明治時代には日本にユリ球根の輸出を取り扱う商社が次々と出てきた。ユリの球根はヨーロッパへの重要な輸出品となった。

アジアでは、ユリは食用および薬用として栽培されてきた。日本では百合根を食べる習慣がある。ヨーロッパでは民間療法でウオノメなど腫物の治療に使ったと言われている。

原産地はアジア、ユーラシア大陸、ヨーロッパ、北米と広くに分布している。

PAMPAS GRASS

秋を守るガードマン
パンパスグラス

まるで大きな白い箒《ほうき》のようなパンパスグラスは、広い庭園や公園に堂々と居座っている秋を守るガードマンのようである。日本のススキが河原で秋風にそよいでいる一方で、パンパスグラスは大きな株にいくつも背が高い穂をつけて圧倒的な存在感を醸し出す。

パンパスグラスは、草原地帯を表すパンパス（pampas）と草を表すグラス（grass）から成る名前である。広大な大地に根付く植物を象徴する名前であり、個人宅に植える植物としては手に余りそうなほどである。

パンパスグラスは、高さ二・五から三メートル、幅は一・八メートルより大きくなる。細く鋭い葉は青々としており、白い穂は開くと放射線のようになびく。たくましく成長するパンパスグラスは、海岸沿いや砂利の庭に植えることもできる。また、切り花やドライフ

ラワーにするために、ヘッジに植えてもよい。
原産地は南米、ニュージーランドやニューギニアである。

グレイジング＝オーヴァ＝サンズのプロムナード

CYCLAMEN

恥ずかしがり屋さんのシルエット
シクラメン

秋の初めに湖水地方の南、カートメル（Cartmel）にある屋敷ホルカー・ホール（Holker Hall）を訪問した時に、風景庭園に植えられた木々の根元に咲く小さなシクラメンの群生と出会った。品種改良された色鮮やかなシクラメンとは異なり、薄紅色の小ぶりのシクラメンで、葉がほとんどない原種シクラメンに近いものだった。その後、教会の墓地などでも、同じようなシクラメンが咲いている姿を見かけることがあった。イギリスでも秋から冬にかけて色鮮やかで豪華なシクラメンが花屋に並ぶが、シンプルな原種のシクラメンが群生している愛らしい姿には心動かされる。

シクラメンの名前はギリシャ語で螺旋《らせん》形という意味のキクロス（kiklos）に由来する。シクラメンは花が散った後に茎が螺旋《らせん》状になるからだとされている。シクラメンの英名には、

「豚のパン」あるいは「豚の饅頭」という意味のソーブレッド（sowbread）がある。シチリア島では豚が野生のシクラメンの球根を食べ荒らしたことによる。日本では、植物学者の牧野富太郎が、赤い花の形状からカガリビバナ（篝火花）と名付けている。

古代イスラエルのソロモン王はシクラメンの花を好み、王冠のデザインに花を取り入れたいと思った。そこでいろいろな花に相談するが良い返事はもらえず、シクラメンに頼むと了承してくれた。そこでソロモン王はシクラメンに感謝すると、それまで上を向いていたシクラメンは恥ずかしさでうつむいてしまった。それ以来、シクラメンは下を向いて咲くようになったと伝えられている。

シクラメンは、十六世紀、イギリスをはじめフランスやオランダに持ち込まれて栽培され始めた。ギリシャ原産のシクラメン属がシリアなどを経てヨーロッパに広がった。球根は薬用や食用とされ、栽培されていた。しかし「アルプスのスミレ」という別名もあるほど花が可憐で、後に観賞用として品種改良されていった。十九世紀からは品種改良が盛んとなり、広く栽培されるようになっていた。イギリスにはケント州、サセックス州などで帰化した。

原産地はヨーロッパと北アフリカの地中海沿岸である。特に、ギリシャ、トルコ、キプロス島、レバノンまでの地中海沿岸に多く自生する。

WITCH HAZEL

魔女が吹きかけた息の跡
ウィッチヘーゼル

＊＊

秋になると曲がりくねった落葉樹の枝が、黄色い花でいっぱいになり、秋の訪れに色を添える。茶色い実を中心に、長い黄色の花弁が星状に広がる。

属名のハマメリス（Hamamelis）は、ギリシャ語で「同時」という意味のhamaとリンゴという意味のmelonが合わさって付けられた。

ウィッチヘーゼルは古くから薬用として重宝された。北米では、先住民族の間で皮膚疾患や傷の治療などに使われていた。彼らは、木の樹脂や葉を煎じて出た液体を薬とした。その民間療法が、アメリカの開拓時代に使われるようになる。イギリスからアメリカ大陸に渡ったピルグリム・ファーザーズたちにとって、重要な薬となる。同属で、中国大陸や日本原産のマンサク（万作）も、漢方で使われてきた。また、マンサクの秋の照葉は茶席で重宝される。マンサクの英名はハマメリス・ジャポニカ、あるいはジャパニーズ・ウィッチヘーゼルである。

ヘーゼル（和名、ハシバミ）は、古くから魔力を持つ木として語られてきた。そのため、曲がりくねった枝は杖に使われてきた。ギリシャ神話では、青年神ヘルメスが持つケリュケイオン（kerukeion）と呼ばれる杖は、コモンヘーゼルで作られていた。ケリュケイオンとは、ギリシャ語で「神の伝令の杖」という意味である。『ハリー・ポッター』シリーズで、ホグワーツ魔法魔術学校の占い学の教授であるシビル・トレローニ先生が持っているのが、ヘーゼルで作られた魔法の杖である。北アメリカの先住民族は、ウィッチヘーゼルの枝を占いに用いていた。現在でも、高級木製のステッキにはヘーゼルで造られたものがある。

ウィッチヘーゼルの原産地は北米、特にアメリカとカナダの東部である。そのためアメリカマンサクと呼ばれている。一般にセイヨウハシバミと呼ばれているコモンヘーゼルは、ヨーロッパに広く分布している。

＊＊『A－Z園芸植物百科事典』

Ⅳ
冬から春に向けて

湖水地方の冬は、湖面では肌を刺すような風を受けながら、湖底では眠りの幕が下りる。

冷たい風が吹くようになると、渓谷や森のなかでは凍えそうな時間が流れる。さらに、みぞれや雪が降り出すと、湖面の下でも、土の下でも、冬の神が通り過ぎるのをひたすら待つ。

眠りについた湖は、取り巻く渓谷や森からの囁《ささや》き声にも起きない。庭や公園も眠っているかのように静かだ。しかし、水も、木々も、土のなかの根さえも、春の神に守られているのだ。きっと春が来ることを信じて待つ。

CHRISTMAS ROSE

雪の精からの贈り物
クリスマスローズ

イギリスではクリスマス頃から咲くためにクリスマスローズと呼ばれているが、湖水地方では早春を告げるスノードロップやスイセンとともに公園地帯に植えられている姿をよく見かける。しっかりした緑の葉の間から伸びた茎の先に、うつむき加減の花が咲く。薄緑、クリーム色、そして薄紅色の花々（正確には、萼片《がく》）は、開花期間が長く、春の訪れを静かに喜んでいるように見える。

しかし、学名のヘレボルス（Helleborus）は、ギリシャ語で「殺す」という意味のヘレイン（helein）と「食べる」あるいは「植物」という意味のボラ（bore）という単語から成り立ち、食べたら死ぬということを表している。つまり、クリスマスローズの根や茎には強い毒性があるのだ。そのため、紀元前五九五年に始まった、ギリシャでの第一次神聖戦

争において、デルフォイ軍は対立する都市キラの飲み水にクリスマスローズの根の毒を入れて、キラを征服したという話が伝えられている。この強い毒性のため、クリスマスローズは中世ヨーロッパでは悪魔や悪霊と関連付けられた。

クリスマスローズの毒性は薬用として用いられた。強心剤や利尿剤として使われ、民間療法では鬱《うつ》病にも効くとされた。古代ギリシャにおいては、精神が高ぶった時の安定剤としてクリスマスローズが用いられた。また、煎じた薬湯は頭脳を明晰にする効果があると信じられており、古代ギリシャの哲学者たちは愛飲したとされている。

キリスト教では、クリスマスローズはキリストの誕生を祝福する花である。キリストが生まれた時に、その誕生を祝福して人々が聖母マリアとキリストを訪ねて贈り物をした。その時に贈り物を用意することができなかった貧しい羊飼いの少女マデロン(Madelon)は、涙した。それを見ていた天使がマデロンを哀れに思い、彼女が流した涙が落ちた足元の雪から白いクリスマスローズを咲かせた。そして、マデロンはその花をキリストに捧げたのだった。

クリスマスローズが園芸種として品種改良され始めたのは、十九世紀のベルリン植物園であり、第二次世界大戦後にはイギリスや日本において品種改良が盛んとなった。

グレイジング＝オーヴァ＝サンズのプロムナード、クリスマスローズ

日本にも薬草として持ち込まれていた。しかし、その美しさから、外来種でありながら、寒芍薬《カンシャクヤク》という和名で冬の茶花として重宝もされてきている。

広くヨーロッパからトルコ、アジアにかけて自生している。

CAMELLIA JAPONICA

暖かなケープをまとって

ツバキ

花がほとんど無くなる冬の公園や民家で、濃い緑の葉の間から赤いツバキの花が咲いているのを見ると、暖かさを感じる。雪が降るなかでも咲き続けるツバキの花は、優雅さのなかに強靭な魂が存在するようなのだ。

属名カメリアは、イエズス会の宣教師で植物学者のゲオルク・ヨーゼフ・カメル（Georg Joseph Kamel）にちなんで付けられた。カメルはボヘミア王国に生まれ、十七世紀後半から十八世紀初頭にかけて、宣教師としてマリアナ諸島、そしてフィリピンに派遣された。マニラで栽培されていた植物の標本や資料をロンドンに送り、フィリピンの植物に関する最初の書物も出版している。ルソン島で発見された植物のなかには、中国人の家の庭で植わっていたものも含まれる。

ヨーロッパには、日本や中国で園芸種として栽培されていたツバキが持ち込まれた。日本では江戸時代に品種改良が進み、それらは十八世紀にヨーロッパに持ち込まれ、さらに品種改良が重ねられて、セイヨウツバキが誕生した。

十八世紀には、エンゲルベルト・ケンペルが、民家の生垣から森にまで育っている様々なツバキに関して書き記している。日本のバラとも形容された日本のツバキは、ケンペルによりツバキと呼ばれたが、その後リンネによりカメリア・ヤポニカと命名された。また、東インド会社の社員が中国の植物をイギリスに紹介する際に、ツバキが含まれていた。

イギリスでは、エセックス州のソーンドンホール（Thorndon Hall）の第八代ピーター男爵ロバート・ジェームズ・ピーター（Robert James Petre, 8th Baron Petre）が、初めてツバキを栽培した。このツバキの栽培は失敗に終わった。そしてピーター男爵は亡くなってしまう。しかし、彼の庭師ジェームズ・ゴードン（James Gordon）は、一七四〇年に栽培に成功した。その後、ゴードンはロンドンでツバキやシャクナゲを専門とする苗木商として成功した。

イギリスには種子や苗が送られ、十九世紀半ばにはツバキは人気の園芸種となっていた。その後、ツバキ栽培は落ち込むが、二十世紀に入るとイギリスとアメリカで再びツバキが注目されるようになる。ヤポニカ種から三千以上の品種が生まれた。原産地は日本や中国大陸から東南アジアおよびヒマラヤまでである。

レヴェンズ・ホールのトピアリーのあるガーデン

FLOWERING QUINCE

寒風からしっかり身を守って

ボケ

冬から早春にかけて、まだ春の花が咲き揃っていない時に、ボケの真っ赤な花がレンガの壁に這うように誘導された枝に咲いている姿を見つけると、ふと立ち止まってしまう。まだ寒い風から身を守るように丸まって咲く五枚の花びらに、そしてそれら数輪が固まって咲く姿に、いとおしさを感じる。

属名のカエノメレス（Chaenomeles）は、古代ギリシャ語で「口をあける」という意味の語とリンゴを意味する語からなり、「果実が割れる」という意味を持つ。

英名のフラワーリング・クインスのクインスは、秋につけるセイヨウカリンと似た黄色い実のことである。秋につける香りが良く、黄色く丸いボケの実は食用となる。古くから食用および薬用として栽培されてきた。果実酒、ジャムなどを作ることができる。咳止めの効果もある。

一七八四年、カール・ペーテル・ツンベルグが、箱根で見つけたクサボケをピルス・ヤポニカ（Pyrus japonica）としてヨーロッパに紹介して以来、通名でヤポニカあるいはジャパニーズクインス（Japanese Quince）と呼ばれている。ツンベルグは、鎖国期の江戸時代に長崎出島商館の医者として一年間滞在し、日本の植物学や東洋学の発展に大きな貢献をした。一七九六年には、イギリスの政治家であり植物学者でもあったジョゼフ・バンクス（Joseph Banks, 1st Baronet）が、中国からボケを持ち帰った。

イギリスにおいては、第一次世界大戦中、食糧難になった時に、様々な植物が食用となるかどうかという調査が行われた。キュー・ガーデンズで栽培されていたヤポニカの実を食用として活用する実験が行われ、ゼリーが美味であることが証明された。その結果、ヤポニカの実を採集するために、多くの木が野菜畑に移植されることとなった。

イギリスでは、ボケは日本から持ち込まれたボケと中国産のボケが交配されて、観賞用として品種改良された。スタンダード仕立てにもするが、生垣にしたり壁に這わしたり、また、盆栽としても人気がある。

ボケは中国大陸が原産であり、平安時代に日本に渡ってきて、江戸時代には観賞用として品種改良が進み、日本に帰化した植物である。

ウィンダミアのクリスマス・マーケット

EUROPEAN HOLLY

お祝いの時がやってきたよ
セイヨウヒイラギ

濃くてつやがある緑のセイヨウヒイラギの葉に赤い実が付くと、人々はクリスマスを楽しみに待つようになる。クリスマスの聖なる木である。別名ホーリーブッシュ（Holly Bush）と呼ばれ、クリスマスホーリーとして親しまれていることからも、クリスマスには欠かすことができない植物であることがわかる。

属名のイレクス（Ilex）は、モチノキという意味である。古代ローマにおいては、ローマ神話の農耕神であるサートゥルヌス（Saturnus）の木とされた。サートゥルヌスのために行われた農耕の祭りであるサートゥルナーリア祭において、セイヨウヒイラギの枝を贈り物に添えたとされる。この祭りは十二月十七日から十二月二十三日に開催されたため、キリスト教徒の十二月二十五日の冬至祭の時にも、セイヨウヒイラギが用いられるようになった。それが、クリスマスには必要な植物となったという。キリスト教では、棘がある葉と赤い実はキリストの受難の跡と血を表す。

民間信仰では、葉に棘があるセイヨウヒイラギには魔力があると信じられていた。そこで、悪魔が寄り付かないようにセイヨウヒイラギを玄関の戸に飾った。そこから、クリスマスの時にも、悪魔から守るために家や教会等にセイヨウヒイラギを飾った。

また、セイヨウヒイラギの緑の葉は永遠の命を表し、赤い実は女性を表し、白い実は男性を表すとして、その両方の実をクリスマスで飾ることにより新しい生命の誕生を象徴した。

セイヨウヒイラギは葉や赤い実が薬用にも使われた。また、セイヨウヒイラギの木は固く白い色をしているので、その美しさからチェスの白駒や楽器の材料などに使われる。

原産地は、ヨーロッパ西南部からアフリカ北西部、およびアジア南西部に広がる。

CORNELIAN CHEERY DOGWOOD

春へのプレリュード
セイヨウサンシュユ

二月から三月頃にかけてまだ寒いなかで、春を告げる黄色の花が咲く。落葉樹の枝に黄色のブローチがたくさん付けられたような姿になる。秋には赤い実が成り、葉は紅葉する。

属名のコーナスマス（Conus Mas）のコーナスは、ラテン語で角を意味する語から来ている。また、マスは「男性」を表すmasculineあるいはmaleに由来する。

イギリスには十六世紀に持ち込まれた。リンネも十八世紀に紹介しているが、園芸種として定着するのは二十世紀である。

セイヨウサンシュユの赤く熟した実は、食用と薬用として使われてきた。ビタミンCを多く含むために、食用では、ジャムやドライフルーツにしたり、ジュースにしたりした。薬用としては、風邪や下痢などに効くとされた。ブルガリアではヨーグルト作りに使われる。

中国大陸や朝鮮半島に分布するサンシュユは江戸時代に日本に持ち込まれて、栽培されるようになった。漢方の薬用植物として栽培されていたが、次第に観賞用として広まった。原産地はヨーロッパ南部から、東ヨーロッパから西アジアと中東にかけて分布する。

COTONEASTER

赤と緑のネックレス

コトネアスター

冬の間でも、緑の葉と赤い実が美しい匍匐《ほふく》性のコトネアスターは、壁に這わせるようにして育てられて、生垣によく使われる。小さな葉は押し合いへし合いしながらもお行儀よく並び、そこにぎっしりと赤い実が添えられている。

属名のコトネはギリシャ語でマルメロを指す語であるコトネオン（kotoneon）で、アスターはラテン語で「似ている」という意味の語アド・イスター（ad istar）から付けられた。十六世紀に生きたスイス出身の学者であるコンラッド・ゲスナー（Conrad Gesner）がこの名を付けたと言われている。ゲスナーは医学、自然科学、哲学や神学に至るまでの学問に通じ、植物学に関する書籍も残した。

イギリスには、十九世紀初頭にインドから持ち込まれた。デンマーク出身の医者で、イ

ギリス東インド会社で働き、当時の王立カルカッタ植物園(Royal Botanic Garden, Calcutta)の園長も務めたナサニエル・ウォーリッチ(Nathaniel Wallich)が、イギリス東インド会社の名誉理事に送り、そこからロンドン園芸協会に送られた。常緑樹で立ち木となる種だけでなく匍匐《ほふく》性の種と半常緑樹も送られてきたとされている。一八二四年に初めてイギリスで栽培されたが、交配種が評価されるには一九二五年まで待たなければならなかった。十九世紀後半以降、様々な種がイギリスに持ち込まれた。

常緑樹で地面や壁に這うように育つミクロフィルス(microphyllus)は、「壁のコトネアスター(wall cotoneaster)」とか「建築家の友人(architect's friend)」という別名を持つ。これらの名称は、この種が壁を覆いつくすほど成長することによる。中心の太い枝に小さな枝が交互に規則的に出て、それらの小枝に小さな葉がびっしりと生えている。そこに白い小さな花が咲き、花が終わると赤い実となる。その特性から、民家の生垣や壁、ロックガーデンなどに適している。

原産地はユーラシア大陸やアフリカである。特にインド北部やチベットから中国に分布する。

CHIMONANTHUS

ほのかな灯りのシンフォニー

ロウバイ

＊＊＊

まだ冷たい風が吹く時期でも、透明感がある黄色の香りがよい花を枝いっぱいに咲かせるロウバイは、「ウィンター・スイート（winter sweet）」という別名を持つ。また、日本から持ち込まれたためジャパニーズ・オールスパイス（Japanese allspice）とも呼ばれている。

属名キモナンサスは、ギリシャ語で冬を意味する語キモン（chimon）と、花を意味する語アンサス（anthus、anthos）から成る。冬でも花を咲かせるということから名付けられた。

イギリスには一七六六年に持ち込まれて、ウスターシャー（Worcestershire）の十八世紀に建てられた屋敷クローム・コート（Croome Court）の温室で栽培された。第六代コヴェントリー伯爵ジョージ・ウィリアム・コヴェントリー（George Coventry, 6th Earl of Coventry）は父親からクローム・コートを相続すると、ランスロット・ブラウンに屋敷の改築と領地の造園を依頼した。そして、ウォールドガーデンに多くの温室を作り、ロウバイを育てた。その後、ロウバイは大きく成長して、温室から戸外に出されることになる。

ロウバイには毒性があり、花や蕾《つぼみ》から作った薬は、やけどなどに効くとされた。

原産国は中国大陸で、日本には江戸時代の終わりから明治時代に中国から持ち込まれたとされている。

＊＊＊『A－Z園芸植物百科事典』

エピローグ

私は湖水地方で渓谷や森のなかを歩くフェルウォーキング（fell walking）をしていた時に、多くの花の写真を撮った。それらの花の写真の約半分が湖水地方に自生する野の花の写真であり、もう半分は民家の庭や公園、邸宅の庭園などに植えられた花々の写真だった。二〇一八年九月初旬に日本を出発して、二〇一九年九月までの一年間、在外研究でランカスター大学の客員研究員としてイギリスに滞在した時のことである。

二〇二三年に上梓した『イギリス湖水地方　ピーターラビットの野の花めぐり』は、イギリスに自生する野生の花に関して書いたものである。今回は、イギリスに持ち込まれて園芸種として品種改良されていった花を中心に、もう一冊まとめることになった。

イギリスには有名な庭園が多くあり、競い合うように様々なデザインが考案され、多種多様な植物が植えられている。春にキュー・ガーデンズを訪れると、数えきれないほどのたくさんのチューリップで埋め尽くされている様子に圧倒される。また、観光資源にもなっている各地のカントリーハウスの庭園には、専属のガーデナーがいて、豪華な庭園を造り上げる。

しかし、湖水地方では、景観を生かしたガーデンが作庭され、渓谷や森に自生する様々な植物に合わせるようにガーデンの植物が選ばれている。大きな邸宅の庭であれ、ホテルであれ、民家であれ、また小さなカフェやＢ＆Ｂであれ、湖水地方におけるガーデンフラワーは、自然に感じるように植えられている。それらのガーデンフラワーについて、私自身が知りたいと思った。

植物学の専門家ではない私が、花の本を二冊も刊行することになったことで、様々な問題にも直面した。学名に関しては、前作の『イギリス湖水地方　ピーターラビットの野の花めぐり』の時に、非常に難しい課題となり、最後まで悩んだことがあった。湖水地方に自生するノハラワスレナグサは、ヒマラヤワスレナグサである可能性もあることがわかり、最終的に学名を後者に合わせることになった。今回は、交配種がたくさん出ている園芸種が中心なので、一般に知られている属名や種名などの紹介にとどめることにした。また、文化的な意味があるものや特徴的なものに限って記載した。

資料を収集する上で、二〇二三年の八月末から九月初旬には、アフターコロナでイギリスでのリサーチを再開することが可能となった。その際、ロンドンの大英図書館（British Library）とオックスフォード大学のボドリアン図書館（Bodleian Libraries, University of Oxford）では図書カードを再発行していただき、貴重な資料を閲覧することができたことに、感謝したい。ただ、大英図書館は、二〇二三年秋にサイバー攻撃を受けて以降、リサーチがほぼできなくなったことは、残念である。

本書は一般書であるため、専門的な表記や引用は避けたが、最後に参考文献リストをあげた。リストは、基本的にはＭＬＡ書式の最新版に基づいているが、ホームページなどに関しては省略した。ビアトリクス・ポターの『ピーターラビット』のシリーズの本のタイトルに関しては、参考文献リストの邦文および和訳と英文の両方に記載したので、本文中では和訳のみを記した。また地名や人名などの英語表記に関しては、必要と思われるものに限った。

本書のなかで民間療法の薬用や食用の例をあげているが、過去の伝承によるものが多く、それを奨励することが目的ではない。薬用や食用などに使用する場合は、必ず、現代の専門的な知識が必要であることを申し上げておきたい。本書では、民間伝承を一つの文化遺産としてのみとらえていることをご理解いただきたい。

私の植物への興味は、母方の祖母と母親から受け継いだものと思われる。お稽古事が大好きで、特に華道に熱心だった祖母（雅号　松鶴）、そして父の転勤で神戸から鎌倉へ、そしてまた西宮へと引っ越しの度に、小さな庭作りをしていた母元子、そして小学校の時から華道のお稽古を続けた娘彩華に、この本を贈りたい。

最後となってしまったが、本書を出版するにあたり、前作と同様、大変お世話になった春風社の岡田幸一氏には、心からの感謝を申し上げたい。

二〇二四年三月

臼井雅美

参考文献

（英文、邦文とも、著者の姓のアルファベット順）

◆邦文および和訳

東信、椎木俊介『植物図鑑4』、青幻社、二〇一九年。

バターワース、ジェイミー編『世界で親しまれている五〇の園芸植物図鑑』、上原ゆうこ訳、原書房、二〇二一年。

ブリッケル、クリストファー編『新・花と植物百科』、塚本洋太郎監訳、角川書店、二〇〇一年。

エドワース、アンバー『［ヴィジュアル版］プラント・ハンティングの歴史百科――44の植物の発祥と伝搬の物語』、美修かおり訳、原書房、二〇二二年。

英国王立園芸協会監修、クリストファー・ブリッケル編集責任『A－Z園芸植物百科事典』、横井政人監訳、誠文堂新光社、二〇〇三年。

船山信次『禁断の植物園』、山と渓谷社、二〇二二年。

ホイットル、T『プラント・ハンター物語——植物を世界に求めて』、白幡洋三郎・白幡節子訳、八坂書房、一九八三年。

飯田操『ガーデニングとイギリス人——「園芸大国」はいかにしてつくられたか』、大修館書店、二〇一六年。

河村錠一郎『イギリスの美、日本の美——ラファエル前派と漱石、ビアズリーと北斎』、東信堂、二〇二一年。

河野芳英『ピーターラビットの世界へ——ビアトリクス・ポターのすべて』、河出書房新社、二〇一六年。

川島昭夫『植物園の世紀——イギリス帝国の植物政策』、共和国、二〇二〇年。

キングドン-ウォード、フランク『植物巡礼——プラント・ハンターの回想』、塚谷祐一訳、岩波文庫、一九九九年。

金城盛紀『花のイギリス文学』、研究社、一九九七年。

——『シェイクスピア花苑』、世界思想社、一九九〇年。

北野佐久子『ビアトリクス・ポターを訪ねるイギリス湖水地方の旅』、大修館書店、二〇一三年。

クウェイブ、カサンドラ－リア『薬草ハンター、世界をゆく――義足の女性民族植物学者、新たな薬を求めて』、駒木令訳、原書房、二〇二二年。

コロナ・ブックス編集部『英国キュー王立植物園――庭園と植物画の旅』、平凡社、二〇一九年。

コーツ、アリス・M『花の西洋史事典』、白幡洋三郎・白幡節子訳、八坂書房、二〇〇八年。

――『プラントハンター東洋を駆ける――日本と中国に植物を求めて』、遠山茂樹訳、八坂書房、二〇〇七年。

三谷康之『事典　イギリスの民家と庭文化、英文学の背景を知る』、日外アソシエーツ、二〇二一年。

中村浩『園芸植物名の由来』、東京書籍、一九八一年。

――『植物名の由来』、東京書籍、一九八〇年。

小田友弥『ワーズワスと湖水地方案内の伝統』、法政大学出版局、二〇二一年。

ポター、ビアトリクス『ベンジャミンバニーのおはなし』、石井桃子訳、福音館書店、二〇二一年。

――『フロプシーのこどもたち』、石井桃子訳、福音館書店、二〇二一年。

――『ひげのサムエルのおはなし』、石井桃子訳、福音館書店、二〇二一年。

――『こねこのトムのおはなし』、石井桃子訳、福音館書店、二〇二一年。

――『まちねずみジョニーのおはなし』、石井桃子訳、福音館書店、二〇二一年。

――『2ひきのわるいねずみのおはなし』石井桃子訳、福音館書店、二〇二一年。

――『パイがふたつあったおはなし』、石井桃子訳、福音館書店、二〇二一年。

――『ピーターラビットのおはなし』、石井桃子訳、福音館書店、二〇二一年。

――『りすのナトキンのおはなし』、石井桃子訳、福音館書店、二〇二一年。

――『妖精のキャラバン』、久野暁子訳、福音館書店、二〇〇〇年。

ポーラン、マイケル『欲望の植物誌――人をあやつる4つの植物』、西田佐知子訳、八坂書房、二〇〇三年。

レオン、エレイン『英国レシピと暮らしの文化史――家庭医学、科学、日常生活の知恵』、村山美雪訳、原書房、二〇二〇年。

ロビンソン、ファニー『ヴィクトリアンの花詩集――花言葉に寄せて』、桐原春子訳、岳陽社、二〇〇〇年。

シモンズ、モンク他著『イギリス王立植物園キューガーデン版　世界薬用植物図鑑』、柴田譲治訳、原書房、二〇二〇年。

白幡洋三郎『プラントハンター』、講談社学術文庫、二〇〇五年。

スキナー、C・M『花の神話伝説事典』、垂水雄二・福屋正修訳、八坂書房、二〇一六年。

スミソニアン協会、キュー王立植物園監修『FLOAO図鑑植物の世界』、金成希他訳、東京書籍、二〇一九年。

テリー、ヘンリー『イギリス野の花図鑑』、海野弘、森ゆみ訳、パイインターナショナル、二〇一八年。

トロティニョン・エリザベート『ちいさな手のひら事典薬草』、新田理恵監修、ダコスタ吉村花子訳、グラフィック社、二〇二一年。

トンプソン、アンディ『イギリスの美しい樹木――魅力あふれる自生の森』、山田美明訳、創元社、二〇一四年。

遠山茂樹『森と庭園の英国史』、文藝春秋、二〇〇二年。

辻丸純一『ピーターラビットのすべて：ビアトリクス・ポターと英国を旅する』、河野芳英監修、小学館、二〇一六年。

臼井雅美『赤バラの街　ランカスター便り』、PHPエディターズ・グループ、二〇一九年。

——『ビアトリクス・ポターの謎を解く』、英宝社、二〇一九年。

——『イギリス湖水地方　アンブルサイドの女神たち』、英宝社、二〇二一年。

——『イギリス湖水地方　モアカム湾の光と影』、英宝社、二〇二二年。

——『イギリス湖水地方におけるアーツ・アンド・クラフツ運動』、英宝社、二〇二三年。

——『イギリス湖水地方　ピーターラビットの野の花めぐり』、春風社、二〇二三年。

◇英文

Allaby, Michael. *The Woodland Trust Book of British Woodlands.* David and Charles, 1986.

Asa, G, and A. Riedmiller. *Trees of Britain & Europe*. 1987. Trans. By Martin Walters, HarperCollins, 1994.

Bain, Rowan. *William Morris's Flowers*. Thames & Hudson, 2019.

Blight, Graham, ed. *The North West and the Lakes.* Frances Lincoln, 2008.

Buckley, Norman, and June Buckley. *Walking with Beatrix Potter: Fifteen Walks in Beatrix Potter Country*. Frances Lincoln, 2007.

Clark, Timothy. *Margery Fish: Country Gardening*. Garden Art Press 1999.

Darcey, Cheralyn. *Flowerpaedia: 1000 Flowers and Their Meanings*. Rockpool, 2018.

Desmond, Ray. *The History of the Royal Botanic Gardens, Kew*. Kew Publishing, 2007.

Dunn, Jon. *Orchid Summer: In Search of the Wildest Flowers of the British Isles*. Bloomsbury Publishing, 2018.

Elliott, Charles. *Treasury of Garden Verse*. Frances Lincoln, 2003.

Ellis, E. A. *Wild Flowers of the Chalk and Limestone*. Jarrold Colour Publications, 1977.

———. *Wild Flowers of the Coast*. Jarrold Colour Publications, 1972.

———. *Wild Flowers of the Hedgerows*. Jarrold Colour Publications, 1971.

———. *Wild Flowers of the Woodlands*. Jarrold Colour Publications, 1973.

Farley-Brown, Rebecca. *Guide to Flowers of Walks and Waysides*. Field Studies Council, 2017.

Fish, Margery, *Cottage Garden Flowers*. 1970. Batsford, 2016.

———. *Flower for Every Day*. Faber & Faber, 1981.

Fuller, Rodney. *Pansies, Violas, Violeetas: The Complete Guide*. Crowood Press, 1991.

Gray, Samantha. *The Secret Language of Flowers*. CICO Books, 2015.

Grison, Geoffrey. *Wild Flowers in Britain*. Hon-no-Tomosha, 1997.

Hessayon, D. G. *The Armchair Book of the Garden.* Pbi Publications,1986.

Hobbs, Anne Stevenson. *Beatrix Potter's Art*. Warne, 2004.

Hutchinson, John. *British Wild Flowers*. Penguin, 1955.

Inkwright, Fez. *Folk Magic and Healing: An Unusual History of Everyday Plants*. Liminal 11, 2021.

Jekyll, Gertrude. *The Beauties of a Cottage Garden*. Penguin, 2009.

Johnson, C. Pierpoint. *British Wild Flowers*. Wordsworth Editions, 1989.

King, Amy M. *Bloom: the Botanical Vernacular in the English Novel*. Oxford UP, 2003.

King, Ronald. *Royal Kew*. Constable, 1985.

Lear, Linda L. *Beatrix Potter: A Life in Nature*. St. Martin's Press, 2007.

Lewington, Anna. *Plants for People*. British Museum (Natural History), 1990.

Lippert, W.,and D. Podlech. *Wild Flowers of Britain & Europe*. Trans. by Martin Walters, HarperCollins, 1994.

Longville, Tim. *Gardens of the Lake District*. Frances Lincoln, 2007.

Mawson, Thomas H. *The Art and Craft of Garden Making*. 5th ed. B. T. Batsford, 1900.

McDowell, Marta. *Beatrix Potter's Gardening Life: The Plants and Places That Inspired the Classic*

Children's Tales. Timber Press, 2013.

O'Brien, James. *Orchids: with Eight Coloured Plants*. J. C. & E. C. Jack, nd.

Oxford English Dictionary. 20vols, Clarendon Press,1989.

Phillips, Roger. *Wild Flowers: of Britain and Ireland*. Macmillan, 2022.

Potter, Beatrix. *The Tale of Benjamin Bunny*. Frederick Warne,1904.

———. *The Fairy Caravan*. 1929. Frederick Warne, 1952.

———. *The Tale of the Flopsy Bunnies*. Frederich Warne, 1909.

———. *The Tale of Johnny Town-Mouse*. Frederick Warne, 1918.

———. *The Tale of Peter Rabbit*. Frederick Warne, 1902.

———. *The Tale of the Pie and the Patty-Pan*. Frederick Warne, 1905.

———. *The Tale of Samuel Whiskers*. Frederick Warne, 1908.

———. *The Tale of Squirrel Nutkin*. Frederick Warne, 1903.

———. *The Tale of Tom Kitten*. Frederick Warne, 1907.

———. *The Tale of Two Bad Mice*. Frederick Warne, 1904.

Rackham, Oliver. *Trees and Woodland in the British Landscape: The Classic, Beguiling History of*

Britain's Trees, Woods and Hedgerows. 1976. Weidenfeld & Nicolson, 2021.

Robinson, Fanny. *The Country Flowers of a Victorian Lady*. Apollo Publishing, 1999.

The Royal Horticultural Society. *Treasury of Garden Verse*. Frances Lincoln, 2003.

Schneidau, Lisa. *Botanical Folk Tales of Britain and Ireland*. The History Press, 2018.

Scott, Michael. *Mountain Flowers*. Bloomsbury Wildlife, 2019.

Step, Edward. *Wayside and Woodland Blossoms: A Pocket Gide to British Wild Flowers for the Country Rambler*. Wentworth Press, 2016.

Tankard, Judith. *Gardens of the Arts and Crafts Movement*. Timber Press, 2018.

Toogood, Alan. *Collin's Gem, Garden Flowers*. HarperCollins, 2005.

Waymark, Janet. *Thomas Mowson; Life, Gardens and Landscapes*. Frances Lincoln, 2009.

Wilson, Margaret Erskine. *Wild Flowers of Britain: Month by Month*. Merlin Unwin Books, 2016.

【著者】

臼井雅美（うすい・まさみ）

一九五九年神戸市生まれ　博士（文学）

現在、同志社大学文学部・文学研究科教授

神戸女学院大学卒業後、同大学院修士課程修了（文学修士）、一九八七年ミシガン州立大学修士課程修了（M.A.）、一九八九年博士課程修了（Ph.D.）。ミシガン州立大学客員研究員を経て、一九九〇年広島大学総合科学部に専任講師として赴任。同大学助教授、同志社大学文学部助教授を経て、二〇〇二年より現職。

著書：*A Passage to Self in Virginia Woolf's Works and Life*（二〇一七年）、*Asian/Pacific American Literature I: Fiction*（二〇一八年）、*Asian/Pacific American Literature II: Poetry*（二〇一八年）、*Asian/Pacific American Literature III: Drama*（二〇一八年）、『記憶と共生するボーダレス文学：9・11プレリュードから3・11プロローグへ』（二〇一九年）、『カズオ・イシグロに恋して』（二〇一九年）、『赤バラの街ランカスター便り』（二〇一九年）、『ビアトリクス・ポターの謎を解く』（二〇一九年）、『不思議の国のロンドン』（二〇二〇年）、『ボーダーを超えることばたち——21世紀イギリス詩人の群像』（二〇二〇年）、『記憶と対峙する世界文学』（二〇二〇年）、『ふだん着のオックスフォード』（二〇二一年）、『イギリス湖水地方アンブルサイドの女神たち』（二〇二一年）、『イギリス湖水地方モアカム湾の光と影』（二〇二二年）、『ブラック・ブリティッシュ・カルチャー——英国に挑んだ黒人表現者たちの声』（二〇二二年）、『イギリス湖水地方におけるアーツ・アンド・クラフツ運動』（二〇二三年）、『イギリス湖水地方　ピーターラビットの野の花めぐり』（二〇二三年）。

池坊副総華督、裏千家茶名宗雅

イギリス湖水地方《こすいちほう》

ピーターラビットのガーデンフラワー日記《にっき》

Peter Rabbit's Garden Flower Journal in the English Lake District

二〇二四年六月一二日　初版発行

著者　臼井雅美《うすい　まさみ》（Masami Usui）

発行者　三浦衛

発行所　春風社　*Shumpusha Publishing Co., Ltd.*

横浜市西区紅葉ヶ丘五三　横浜市教育会館三階

〈電話〉〇四五・二六一・三一六八　〈FAX〉〇四五・二六一・三一六九

〈振替〉〇〇二〇〇・一・三七五二四

http://www.shumpu.com　✉ info@shumpu.com

装丁・レイアウト　矢萩多聞

印刷・製本　シナノ書籍印刷株式会社

乱丁・落丁本は送料小社負担でお取り替えいたします。

ISBN 978-4-86110-948-5 C0098 ¥2200E